Kohlhammer

Zur Autorin

Dr. Vera Bernard-Opitz (Em. Assoz. Prof. National University of Singapore) ist Klinische Psychologin sowie deutsche und amerikanische Verhaltenstherapeutin (BCBA-D). Sie arbeitet als Autorin, AVT/ABA-Supervisorin und Herausgeberin der neuen praxisorientierten Buchreihe »Autismus Konkret«. Vera Bernard-Opitz lebt und arbeitet einen Teil des Jahres in Irvine, USA und einen Teil im schönen Hildesheim, wo sie ein AVT-Zentrum leitet.

Vera Bernard-Opitz

Lernen von positiven Alternativen zu Verhaltensproblemen

Strategien für Kinder und Jugendliche mit Autismus-Spektrum-Störungen

Verlag W. Kohlhammer

1. Auflage 2018

Alle Rechte vorbehalten
© W. Kohlhammer GmbH, Stuttgart
Gesamtherstellung: W. Kohlhammer GmbH, Stuttgart

Print:
ISBN 978-3-17-030125-2

E-Book-Formate:
pdf: ISBN 978-3-17-030126-9
epub: ISBN 978-3-17-030127-6
mobi: ISBN 978-3-17-030128-3

Vorwort zur Reihe »Autismus Konkret«

Das afrikanische Sprichwort »It takes a village to raise a child«/ Deutsch: »Es braucht ein Dorf, um ein Kind zu erziehen« gilt sicherlich auch für Kinder und Jugendliche mit einer Autismus Spektrum Störung (ASS). Und vielleicht braucht es sogar mehr als ein Dorf: nämlich das Wissen von Spezialisten in verschiedenen Ländern, die sich Autismus Spektrum Störungen auf ihre Fahnen geschrieben haben. Ziel unserer Reihe »Autismus Konkret« ist es daher, das Wissen internationaler Experten zu relevanten Themen zu bündeln und Eltern, Therapeuten, Lehrer und anderen Fachkräften dieses Wissen in leicht verständlicher Form und so konkret wie möglich zur Verfügung zu stellen.

Oft ist es nicht einfach, Betroffenen mit ASS zu helfen. Eltern und Fachkräfte wissen, dass Zeit besonders kostbar ist, wenn es darum geht, effektiv Veränderungen zu bewirken. Daher sollten Erklärungsmodelle und Hilfen bewährt und wissenschaftlich anerkannt sein. Wir haben daher Kollegen in Deutschland, Österreich, England und den USA gebeten, ihr Spezialwissen über bestimmte evidenzbasierte und praxiserprobte Therapiemethoden in kurzer, konkreter Form mit unseren Lesern zu teilen.

Hierbei wird ein Einblick in folgende Themen gegeben: Lernen durch ABA und AVT (Applied Behavior Analysis und Autismusspezifische Verhaltenstherapie), Anders denken lernen – Kognitive Verhaltenstherapie zum Abbau von Frustration und Ängsten und zum Aufbau von sozialen Fähigkeiten, Lernen von positiven Alternativen zu Verhaltensproblemen, Lernen im Alltag – Natürliches Lernen, Lernen im Sekundentakt – Präzisionslernen,

Lernen durch Apps, Lernen durch visuelle Hilfen, Lernen durch Videomodellierung, Lernen von Spiel und Beziehungen zu Gleichaltrigen: Integrierte Spielgruppen, Lernen im inklusiven schulischen Setting, Medikamentöse Hilfe und die Suche nach den Ursachen von Autismus-Spektrum-Störungen.

Wir hoffen, dass die Bände unserer Reihe »Autismus Konkret« Eltern und Kollegen helfen, Ursachen besser zu verstehen und wissenschaftlich anerkannte Therapiemethoden kennenzulernen. Hierbei wünschen wir, dass jeder Praxisband der Serie einen Beitrag leistet, therapeutische Hilfen für Betroffene mit ASS konkreter zu machen und Kindern und Jugendlichen mit ASS eine echte Chance zu geben, sich so zu entwickeln, dass eine Teilhabe am Leben der Gemeinschaft auch tatsächlich möglich wird. Und dazu braucht es sicher »Mehr als ein Dorf«.

Dr. Vera Bernard-Opitz, Herausgeberin der Reihe, Irvine, Juni 2018

Inhaltsverzeichnis

Gewidmet Frau Prof. Erna Duhm, Pionierin der Klinischen Psychologie – eine bewundernswerte Lehrerin und ein sehr besonderer Mensch

1 Einführung

Verhaltensprobleme machen das Leben von Kindern, Jugendlichen und Erwachsenen mit Autismus-Spektrum-Störungen (ASS) und ihrer Umwelt meist sehr schwer. Eltern, Lehrer, Schulbegleiter und Therapeuten sind häufig überfordert durch die heftigen Wutausbrüche, durch unflexibles, stereotypes, aggressives, (selbst-)destruktives oder auf andere Weise ungewöhnliches Verhalten. Oftmals leiden auch die Betroffenen unter ihrer Andersartigkeit und deren sozialen, schulischen und beruflichen Folgen. Strategien, die bei sogenannten »neurotypischen« Kindern, Schülern oder Klienten erfolgreich sind, helfen bei den meisten Personen mit ASS leider nicht.

- Offensichtlich besteht Handlungsbedarf, wenn der vierjährige Michael bereits vom zweiten Kindergarten abgelehnt wird, nur, weil er im Morgenkreis ein bestimmtes Lied vermisst und aus diesem Grund solange schreit, bis alle es immer wieder singen.

• Hilflosigkeit breitet sich in der Klasse von Erik aus, wenn dieser zum gefühlten 100-sten mal den Unterricht mit verblüffend echt klingenden Rasenmäher-Geräuschen stört.

• Selbst die geduldigsten Eltern verlieren nicht nur ihre Nachtruhe, wenn ihr nicht-verbaler 14-jähriger Sohn um 4 Uhr nachts wiederholt mit den Türen knallt, damit man genau jetzt mit ihm eine Fahrradtour macht.

• Auch herzzerreißendes Weinen oder blinde Wut bei kleinsten Anlässen kann die Beteiligten zermürben, z. B. wenn die Schaukel bereits besetzt ist, der Bäcker bereits alle Pizzabrötchen verkauft hat oder in sonst irgendeiner Weise eine imaginäre Ordnung gestört ist.

• In noch extremeren Fällen steht eine Gefährdung der eigenen Person durch riskantes oder selbstverletzendes Verhalten im Vordergrund, wie z. B. im Fall der 18-jährigen Marianne, die versucht, sich mit einem Kissen auf dem Kopf und Handtüchern an den Beinen, vor den eigenen Schlägen zu schützen

• Und was kann man tun, wenn das eigene Kind ständig »unter Strom« steht und der normale Alltag nicht ohne Endlosdiskussionen bewältigt werden kann?

• Auch der Schüler, der zunehmend »hilfloser« wird, je weniger er vom Unterricht versteht und je mehr seine Schulbegleitung für ihn übernimmt, sollte ein Anlass für die Suche nach fachlicher Hilfe sein.

• Selbst Erwachsene mit ASS scheitern oft – selbst nach erfolgreicher Ausbildung oder Studium – an den Anforderungen als Arbeitnehmer, Freund oder Partner. Die Äußerung eines erfolgreichen Unternehmers »Entweder habe ich Asperger oder ich bin ein A..., aber ich will meine Familie nicht verlieren« zeigt das Spektrum der Betroffenen und die Notwendigkeit von therapeutischer Hilfe.

Viele Eltern, Pädagogen und Therapeuten stoßen bei vergleichbaren Problemen mit normalen Erziehungs- oder Therapiestrategien an ihre Grenzen. Besorgniserregender ist es allerdings, wenn die Beteiligten oder Betroffenen aufgeben oder signifikante Probleme als unveränderbaren Teil der Persönlichkeit der Person mit Autismus ansehen. Ohne angemessene Intervention neigen herausfordernde Verhaltensweisen dazu schlimmer zu werden (Autism Speaks, 2012). Hierbei stellt sich oft die Frage, ob es ethisch vertretbar ist, nicht zu helfen, wenn andererseits Hilfe Entwicklungchancen eröffnen und eine Teilhabe am Leben in der Gemeinschaft realistischer machen würde.

Dieses Buch ist nicht für diejenigen geschrieben ist, die froh und stolz sind »Aspies« zu sein und auch anderen Leidensdruck, Therapie- und Änderungswünsche absprechen. Vergleichbar zu den Grundsätzen jeglicher Erziehung geht es gewiss nicht darum, Menschen in eine unveränderliche Norm zu zwingen, sondern ihnen Chancen zu geben – soweit es ihr Potential erlaubt – aktiv an einem normalen Alltag und dem Leben in der Gemeinschaft teilhaben zu können. Eine weitere selbstverständliche Grundlage ist, dass die Umgebung sich nach Möglichkeit an die Besonderheiten des Betroffenen anpassen sollte, was hier unter präventiven Strategien beschrieben wird.

Im vorliegenden Band geht es sowohl um präventive als auch um reaktive Strategien, die beim Abbau von Verhaltensproblemen und der Entwicklung von positiven Verhaltensweisen berücksichtigt werden müssen. Hierbei werden solche Auffälligkeiten beschrieben, die mit herkömmlichen Methoden kaum beeinflusst werden, wie andauernde *Selbststimulationen*, die Neugier, Spiel- und Sozialverhalten sowie Sprache verhindern können. *Unflexibles oder gar zwanghaftes Verhalten* kann den Betroffenen und seine Umwelt ebenfalls stark einschränken und Entwicklungschancen oder soziale Möglichkeiten reduzieren. Auch *selbstverletzendes Verhalten* ist oft ein Anlass für eine verhaltenstherapeutische Intervention. Ebenfalls für viele Familien stark belastend sind Probleme ihrer Kinder mit extremer *Aggression oder destruktiven Tendenzen.* Diese sind nicht selten Anlass für die meist schwere Entscheidung, das Kind in einem Heim unterzubringen.

Der vorliegende Band kann als eine Einführung in häufige Verhaltensauffälligkeiten von Kindern und Jugendlichen mit ASS und in ihre positiven Alternativen verstanden werden. Die dargestellten Ausführungen, Tabellen und Beispiele sollen das Vorgehen einer Verhaltensplanung konkret machen. Sie können allerdings nicht ein fachliches Training in ABA/AVT-Methoden (Applied Behavior Analysis und Autismusspezifische Verhaltenstherapie) oder als Verhaltenstherapeut bzw. BCBA (Board Certified Behavior Analyst) ersetzen (Bernard-Opitz & Nikopoulos, 2016).

Im Folgenden wird versucht, Eltern, Erzieher, Lehrer und andere Interaktionspartner in das Krankheitsbild und seine Besonderheiten einzuführen, Verständnis für den Betroffenen zu entwickeln und darauf aufbauend proaktive und reaktive Interventionen vorzustellen. Einsicht und Sensibilität für Andersartigkeit und eine positive Einstellung der Umwelt sind hierbei wichtige Voraussetzungen für die Entwicklung von positivem Alternativverhalten wie z. B. angemessenes Sozial- und Kommunikationsverhalten, Spiel- und Freizeitverhalten oder aber auch einer erfolgreichen Bewältigung von emotionalen Problemen.

Dieses Buch hat sehr profitiert von Diskussionen mit Kollegen, Lehrern, Eltern, und Co-/Therapeuten. Besonderer Dank gilt

Herrn Dr. Hans-Heinz Wolpers sowie Frau Ute-Genser-Dittmann für die detaillierte Korrektur und das Feedback zu meinem Manuskript. Meine Anerkennung gilt auch Frau Annika Grupp vom Kohlhammer-Verlag, die die »Autismus Konkret«-Serie sowie dieses Werk mit Enthusiasmus und Kompetenz betreut hat. Erneut bin ich meiner Tochter Andra dankbar für ihre erfrischenden Strichzeichnungen.

Das vorliegende Buch enthält zahlreiche Beispiele aus meiner Praxis. Diese sind durch Pseudonyme und zum Teil auch durch Veränderung von Details anonymisiert. Ich weiß es sehr zu schätzen, dass Eltern ihr Einverständnis zur Veröffentlichung von Fotos ihrer Kinder gegeben haben.

2 Welche Autismusmerkmale, Stärken und Schwächen müssen beim Umgang mit Verhaltensproblemen berücksichtigt werden?

2.1 Was sind zentrale Merkmale von Autismus-Spektrum-Störungen?

Nach der neuen Klassifikation durch das Diagnostische und Statistische Manual Psychischer Störungen (5. Auflage, American Psychiatric Association [APA], 2013) sind Autismus-Spektrum-

Störungen durch Auffälligkeiten in der sozialen Kommunikation und Interaktion sowie eingeschränkte und wiederholende Verhaltensweisen, Interessen und Tätigkeiten gekennzeichnet.

2.1.1 Auffälligkeiten in der sozialen Kommunikation und der sozialen Interaktion

Ein zentrales Merkmal von ASS sind Auffälligkeiten in der Kommunikation und im Sozialverhalten. Beide Bereiche lassen sich kaum voneinander trennen, was bereits am ersten Blickkontakt von Kindern, ihrer Mimik und Gestik deutlich wird. Kinder mit ASS zeigen meist sehr früh mangelnden oder ungewöhnlichen Blickkontakt, so dass sie das soziale Geschehen um sie herum meist weniger mitbekommen als neurotypische Personen. Oft haben sie keinen Dreiecksblick (»joint attention«), zeigen nicht und kommunizieren weder über Mimik noch Gestik. Speziell junge Kinder mit ASS oder Kinder und Jugendliche mit starken Einschränkungen reagieren darüber hinaus zunächst oft nicht auf Lob, subtile Mimik des Gegenübers oder komplexe Erklärungen. Zum Teil suchen sie Aufmerksamkeit durch negatives Verhalten, auch, da sie komplexe Erklärungen, Benimmregeln, das sog. »Hidden Curriculum« (»Verstecktes Curriculum«, Smith Myles et al, 2004) oder soziale Hierarchien nicht verstehen.

Etwa 25 % der Personen mit ASS entwickeln *keine verbale Sprache*, wobei Gründe u. a. in einer intellektuellen Behinderung, mangelnder Nachahmungsfähigkeit, unzureichendem Sprachverständnis oder fehlender Motivation zu kommunizieren gesucht werden können. Etwa 50 % haben keine funktionale Sprache (Wendt, 2017). Einige Kinder und Jugendliche lernen, sich durch visuelle Systeme wie Handzeichen, Bilder oder

18

Kommunikationsgeräte zu verständigen (Bundesverband evangelische Behindertenhilfe, 2007; Bondy & Frost, 2001). Bei sprechenden Kindern treten oft sprachliche Stereotypien auf, wie z. B. Wiederholungen von Lauten, Geräuschen oder Phrasen, was für Familien und Klassenkameraden recht anstrengend sein kann. Einige Kinder wiederholen zunächst gern das Gehörte (sog. »Echolalie«) und müssen mühselig lernen, ihre Bedürfnisse mitzuteilen. Auch ein eingeschränktes Repertoire an sprachlichen Funktionen ist häufig. So müssen beschreibende, berichtende, fragende oder reziproke Äußerungen meist gezielt geübt werden. (vgl. Bernard-Opitz, 2014b).

Auch bei Kindern und Jugendlichen mit weniger Unterstützungsbedarf sind Probleme mit *kommunikativer Kompetenz* oft der Grund für Verhaltens- oder emotionale Probleme (Prutting & Kirchner, 1987). Stigmatisierung und Mobbing sowie Ausgrenzung können die Folge sein. So fällt es vielen schwer, nicht ausdauernd über ihr Lieblingsthema zu monologisieren. Einige Betroffene können Themen nicht dem Gesprächsverlauf anpassen und sind nicht in der Lage, Sprecher- und Hörerrolle flexibel zu wechseln. Darüber hinaus ist es oft nicht leicht, die eigene Mimik, Gestik und Körperhaltung an das Gespräch und den Gesprächspartner anzupassen. Selbst Lautstärke, Intonation der Stimme und Flüssigkeit der Sprache werden in einigen Fällen von Gleichaltrigen als seltsam beurteilt (Koegel, 1994). Daher sollten obige Probleme als zugrundeliegende Merkmale von Verhaltensproblemen berücksichtigt werden und beim Aufbau von angemessenem Verhalten eine zentrale Rolle einnehmen.

> **Beachte!**
> Verhaltensprobleme und emotionale Schwierigkeiten sind oft bedingt durch Schwierigkeiten im Verstehen und in der Kommunikation.

Vielen Betroffenen mangelt es darüber hinaus an einem *Interesse an anderen,* so dass sie sich von Sozialkontakten zurückziehen und keine Freundschaften entwickeln. Manche wünschen sich Freunde oder Partner, aber es fällt ihnen schwer, mit anderen angemessen zu spielen, Gespräche zu beginnen, auf den Partner einzugehen und im Umgang mit anderen einfühlsam und flexibel zu sein. Die Unfähigkeit, sich in den anderen hineinzudenken, ist auch bei Personen mit »high functioning autism« oft eine zentrale Schwierigkeit (sog. »*Theorie des Denkens*«). Meist gelingt es ohne gezielte Programme nicht, die Perspektive des anderen einzunehmen. So können sie schlecht oder gar nicht erkennen, dass der andere nicht das sieht, wünscht, weiß oder glaubt, was sie sehen, wünschen, wissen oder glauben.

- Fabi steht im Kindergarten immer an »seinem Platz« in der ersten Reihe, wenn die Erzieherin eine Geschichte vorliest. Die hinter ihm sitzenden Kinder schubsen ihn häufig zur Seite, da er ihre Sicht auf das Bilderbuch verdeckt. Das versteht Fabi allerdings nicht und knufft zurück oder reagiert mit Schreien.
- Der 12-jährige Detlev sprintet durch den Supermarkt und bemerkt nicht, dass sein Verhalten andere Kunden beunruhigt, die ihn dann der Kassiererin als möglichen Ladendieb melden.
- Wenn Benno junge Paare auf dem Schulhof sieht, drängt er sich regelmäßig mit der Äußerung auf, dass er ein »Liebes-

> meister« sei, der ihnen helfen kann. Dass sein Verhalten irritiert, realisiert er allerdings nicht.

Benno erkennt nicht, dass er die Pärchen stört und dass sein Verhalten auf Gleichaltrige »uncool« wirkt. Wie ihm mangelt es vielen Betroffenen an der Fähigkeit, sensibel auf Situationen und Gefühle einzugehen, Rücksicht zu nehmen, diplomatisch vorzugehen und sich für etwaige »Fauxpas« zu schämen oder diese bei zukünftigen Kontakten zu vermeiden. Wie wir alle wissen, ist das allerdings auch für viele »Neurotypische« nicht immer einfach!

Beachte!
Unzureichendes Eindenken in andere, soziale Unbeholfenheit und Mangel an Freundschaft mit Gleichaltrigen führen oft zu drastischer Kommunikation und aufmerksamkeitsbedingten Verhaltensproblemen.

In jedem Fall muss die Einschränkung in Kommunikation und Sozialverhalten bei der Behandlung von Verhaltensproblemen und dem Aufbau von angemessenen Alternativen berücksichtigt werden.

2.1.2 Eingeschränkte und wiederholende Verhaltensweisen, Interessen und Tätigkeiten

Für die Diagnose wichtig sind darüber hinaus eingeschränkte und sich wiederholende Verhaltensweisen, Interessen und Tätigkeiten. Zu ersterem gehören *Nahrungseinschränkungen*, wie einseitige Bevorzugung von weicher Nahrung oder Beschränkung auf Nahrungsmittel einer bestimmten Farbe.

21

Daneben können *stereotype Bewegungen* mit dem eigenen Körper oder Objekten. Schaukelbewegungen, Finger- und Handstereotypien, Dreh- und Wedel-Bewegungen beobachtet werden. Einige Betroffene reihen Gegenstände auf und reagieren bei jeglichem Versuch, die Ordnung zu verändern, mit heftigen Wutausbrüchen. Andere bestehen auf *Ritualen*, z. B. dem Berühren aller Schaukeln oder fixierten, ungewöhnlichen Vorlieben und Interessen. Diese können skurril sein, wie die Faszination des Rohrverlaufs von Spülbecken oder das abendliche Ritual eines Schwertsammlers seine Sammelobjekte blank zu putzen. Etwa 75 % der Betroffenen mit High Functioning Autismus (HFA) haben aber weniger ungewöhnliche *Sonderinteressen*, die beim Aufbau von Fähigkeiten genutzt werden können (Klin et al, 2007, Winter-Messier, 2007; ausführlicher ▸ Kap. 2.3.1).

Viele Betroffene bestehen auf *festgefahrenen Routinen* und zeigen erhebliche Verhaltensprobleme bei kleinen Änderungen. Auch Übergänge von einer Situation zur nächsten sind oft sehr stress-besetzt.

- Marvin weint schon, bevor er aus dem Hause geht und weigert sich vehement mit dem neuen Busfahrer zur Schule zu fahren.
- Gleichbleibende Routinen sind für die Geschwister von Fabian schwer erträglich, z. B. wenn er bei Ausflügen durch Protestgeschrei »diktiert«, wohin und welchen Weg man fahren muss und sein Zwang, Filme wiederholt an den Anfang zurückzuspielen.

Änderungen und *Neues* sind für viele Kinder, Jugendliche und Erwachsene mit ASS zentrale Stressauslöser. Bei kleinen Kindern kann schon eine Veränderung des Aussehens wie eine Brille oder gebundene statt offene Haare der Erzieherin zu ängstlichem

Verhalten führen. Auch neues Spielzeug, ungewohnte Wege oder unbekanntes Essen führen oft zu Verhaltensausbrüchen. Übergänge von einer Aktivität zur anderen oder von einem Raum zum anderen müssen meist vorher angekündigt werden. Das gilt auch für die Schulzeit: Während die meisten Kinder sich auf besondere Schulereignisse wie Feste, Ausflüge oder Ferien freuen, führen diese Abweichungen des gewohnten Alltags für betroffene Schüler zu Nervosität, Verunsicherung oder ungewöhnlichem Verhalten.

Oft kann *Hyper-* oder *Hypo-Reaktivität* auf Stimuli wie Lichter, Bewegungen, Gerüche, Geräusche, Berührungen, Geschmäcker und Körperempfindungen beobachtet werden (Kranowitz, 2005). Hierbei treten Faszinationen mit bestimmten sensorischen Effekten oder aber eine erhöhte Sensitivität von bestimmten Wahrnehmungseindrücken auf.

- So sucht Phillip immer wieder nach Schuhen, um mit ihnen zu wedeln und danach an ihnen zu riechen.
- Eine Erwachsene mit Autismus bittet vor einem Vortrag darum, dass man nach dem Vortrag nicht klatschen möge, da sie sehr geräuschempfindlich sei.

2.1.3 Welcher Schweregrad der Autismus-Spektrum-Störung liegt vor?

Neben den Merkmalen der autistischen Störung wird die Schwere der Symptomatik, das kognitive Funktionsniveau und die kommunikativen Fähigkeiten im DSM-5 (APA, 2013, S. 67) aufgeführt.

- Schweregrad 1:
  - *Unterstützungsbedarf*: Benötigt leichte Unterstützung.

23

- *Soziale Kommunikation*: Ohne Unterstützung verursachen die Probleme im sozialen und kommunikativen Verhalten Beeinträchtigungen; hat Probleme mit dem Beginn von Interaktionen und reagiert oft unangemessen im Kontakt mit anderen; scheint kein Interesse an anderen zu haben.
- *Eingeschränktes, wiederholendes Verhalten*: Das inflexible Verhalten führt zu signifikanten Problemen in einer oder verschiedenen Umgebungen; hat Schwierigkeiten von einer Tätigkeit zur anderen zu wechseln; Probleme mit Organisation und Planung erschweren die Selbstständigkeit.
* Schweregrad 2:
  - *Unterstützungsbedarf*: Benötigt viel Unterstützung.
  - *Soziale Kommunikation*: Deutliche Defizite in der verbalen und nicht-verbalen Kommunikation, selbst wenn Unterstützung angeboten wird (spricht z. B. in einfachen Sätzen); beschränkt Interaktion auf umschriebene Interessen; auffällige nicht-verbale Interaktionen; oft nicht erfolgreich beim Aufbau von Freundschaften.
  - *Eingeschränktes, wiederholendes Verhalten*: Unflexibles Verhalten mit Problemen bei Änderungen; eingeschränkte, wiederholende Verhaltensweisen, die deutlich auffällig sind.
* Schweregrad 3:
  - *Unterstützungsbedarf*: Benötigt extrem viel Unterstützung
  - *Soziale Kommunikation*: Schwer eingeschränkt in der Kommunikation und Interaktion (z. B. keine oder wenig verbale Sprache); braucht direkte Ansprache.
  - *Eingeschränktes, wiederholendes Verhalten*: Inflexibles Verhalten mit extremen Reaktionen auf Änderungen und Übergängen; wiederholende Verhaltensweisen interferieren mit allen Aktivitäten.

24

> **Beachte!**
> Der Schweregrad der autistischen Beeinträchtigung muss in den Verhaltensplan mit einbezogen werden. Hierbei ist wichtiger was der Betroffene kann als das was er nicht kann!

2.2 Was muss beim Lernen von positiven Alternativen zu Verhaltensproblemen beachtet werden?

2.2.1 Verständnisebenen bei Verhaltensproblemen

Generell ist das Verhalten von uns »Neurotypischen« ebenso wie das von Menschen mit Autismus abhängig von äußeren Faktoren –von dem, was unmittelbar vorher passiert ist sowie von den jeweiligen Konsequenzen. Darüber hinaus hängt Verhalten auch stark von inneren Faktoren ab, wie z. B. von unserer allgemeinen Befindlichkeit, unseren Gedanken und Gefühlen. Sofern wir bereits früher vergleichbare Erfahrung gemacht haben, ist es für uns relativ einfach, selbst skurril anmutenden Handlungen verstehen zu können: So z. B. das Verhalten eines Schwimmers, der am Rand des Schwimmbads seinen Kopf zur Seite neigt und auf das gegenseitige Ohr schlägt. Offensichtlich versucht er nicht, sich selbst zu verletzen, sondern sein Ohr vom Wasser zu befreien. Wir verstehen auch, warum jemand nach langem Sitzen sein Gesicht verzerrt und auf sein »eingeschlafenes« Bein schlägt. Demgegenüber ist es meist schwer verständlich, warum Betroffene mit Autismus ungewöhnliche bis bizarre Verhaltensweisen an den Tag legen, weil wir dieses Verhalten nicht nachvollziehen können. Auch diese Verhaltensweisen zu verstehen, ist allerdings der erste Schritt, um wirkungsvoll daran arbeiten zu können. Hier können gezielte Beobachtungen und Messungen, aber auch Berichte von Bezugspersonen und Betroffenen einen Einblick in die Funktionen des Verhaltens geben.

Während in den Anfängen der klassischen Lernpsychologie ein vereinfachtes Verständnis von Lernen nach dem Stimulus-Response-Consequence- ($S \rightarrow R \rightarrow C$) oder $A \rightarrow B \rightarrow C$- Schema zugrunde lag, gilt dieses Modell seit den 1970er Jahren als verkürzt (Kanfer & Saslow, 1969). Hierbei geht man davon aus, dass Verhalten (Behavior, B) erklärt werden kann durch auslösende Stimuli bzw. Situationen (S) oder auch Antezedent-/Auslöse-Bedingungen (A) und nachfolgende Consequences/Konsequenzen (C/K). Neuere Ansätze der Autismus-spezifischen Verhaltenstherapie (AVT) und der Angewandten Verhaltensanalyse (Applied Behavior Analysis, ABA) berücksichtigen demgegenüber sowohl beobachtbare als auch nicht sichtbare, interne Faktoren und Bedingungen, um Verhalten zu verstehen und angemessen behandeln zu können. Hierzu zählen die allgemeine Befindlichkeit des Individuums ebenso wie seine Gedanken und Gefühle. Dies wird meist zusammengefasst unter dem Begriff Organismus (O). Um die oft ungewöhnlichen Verhaltensweisen von Kindern, Jugendlichen und Erwachsenen mit Autismus zu verstehen, müssen allerdings darüber hinaus auch Autismusmerkmale, Besonderheiten des Lernenden und Lernhindernisse mit bedacht werden.

Für Verhaltensprobleme hat sich das im Folgenden beschriebene »*Eisbergmodell*« oder das vergleichbare Pyramidenmodell »*Ziggurat*« als sinnvoll erwiesen (Mesibov, Shea & Schopler, 2004; Aspy & Grossmann, 2011). Hierbei werden beobachtbare Verhaltensprobleme und zugrundeliegenden Autismusmerkmale wie mangelnde Flexibilität oder sensorische Auffälligkeiten auf verschiedenen Ebenen betrachtet. Auf der ersten Ebene erfolgt eine

Beobachtung des Verhaltensproblems inklusive Auslösern und Konsequenzen, eine sogenannte ABC-oder *Mikroanalyse*. Die Suche nach zugrundeliegenden Bedingungen geht jedoch darüber hinaus, indem sie als *Makroanalyse* zusätzliche Autismusmerkmale und Lernbarrieren miteinbezieht (▶ Abb. 1; in Anlehnung an Aspy & Grossman, Ziggurat Model, 2011). Alle Ebenen, die das Verhaltensproblem mitbedingen, sollten schließlich in einem umfassenden Verhaltensplan Berücksichtigung finden. So wird das beobachtbare Verhalten gemeinsam mit zugrundeliegenden Autismusmerkmalen direkt in Verbindung gebracht mit verschiedenen Therapieebenen (Smith Myles & Aspy, 2016).

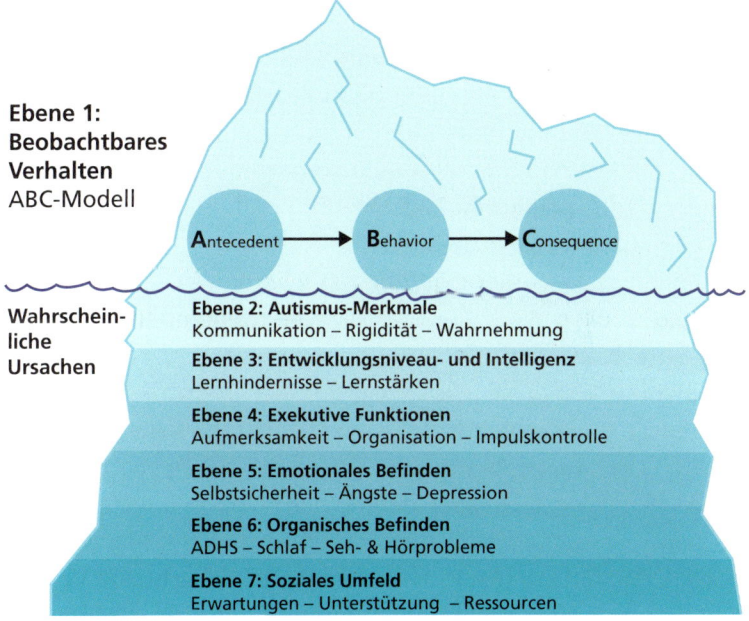

Abb. 1: ABC- und Eisbergmodell zum Verständnis von möglichen Funktionen und Ursachen von Problemen

27

Die neue Sonderschullehrerin setzt sich an den Tisch von Linus und erklärt ihm eine Rechenaufgabe. Linus guckt die Lehrerin an, kneift sie und wirft alle Materialien vom Tisch. Das gute Zureden der Lehrerin, dass man nicht kneift und die Sachen auf den Tisch gehören, amüsiert ihn offensichtlich und verstärkt seine Arbeitsverweigerung. Die Lehrerin gibt ihm darüber hinaus ihre volle Aufmerksamkeit, was er sehr genießt. Bei seiner vertrauten Schulbegleiterin zeigt er dieses Verhalten demgegenüber nicht, sondern reagiert positiv auf Lob und Münzverstärkung für erledigte Aufgaben.

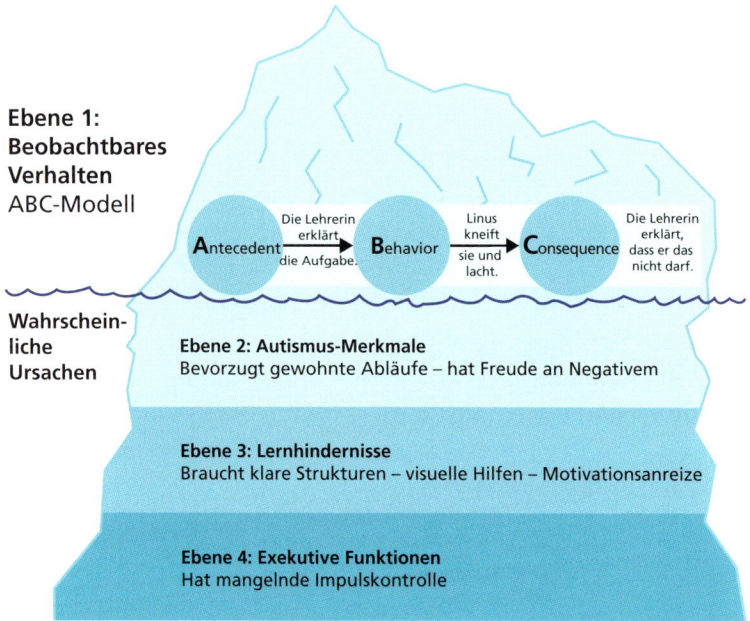

Abb. 2: Analyse von beobachtbarem Verhalten und wahrscheinlichen Ursachen

Auf der *ersten Ebene* kann im Fall von Linus beobachtet werden, dass die Lehrerin sich an seinen Tisch setzt und ihm die Rechenaufgabe erklärt (A: Antezendenz/Auslösebedingung). Er kneift sie daraufhin und wirft die Lernmaterialien vom Tisch (R: Reaktion). Die Lehrerin wiederum erklärt, dass man sich so nicht verhalte (C: Consequence/Konsequenz). Auf dieser Ebene lässt sich vermuten, dass Linus' Verhalten erfolgreich eine Anforderung vermeidet. Neben dieser Beobachtungsebene liegen seinem Verhalten voraussichtlich aber auch andere Faktoren zugrunde. So kann sein Wunsch nach vertrauten Abläufen – was ein wichtiges Merkmal von ASS darstellt – ein Grund für sein Kneifen sein. Möglicherweise liegt sein andersartiges Verständnis von Lob und Tadel seiner Freude an dem Wortschwall der Lehrerin zugrunde. Wie viele Kinder »auf dem Spektrum« reagiert Linus meist stärker auf negatives Feedback als auf Lob. Auf *Ebene 3* muss schließlich eine leichte Lernbehinderung berücksichtigt werden. Linus benötigt eindeutig strukturierte Aufgaben, um zu verstehen, was von ihm erwartet wird. Auch Anreize zum Lernen sind dabei wichtig. Offensichtlich werden diese Aspekte von der eingearbeiteten Schulbegleiterin beachtet. Sie hat dabei den zusätzlichen Vorteil, dass Linus sie kennt und er für sein Arbeitsverhalten sozial und durch ein Münzsystem positiv verstärkt wird (▶ Abb. 2).

> **Beachte!**
> Verhaltensprobleme müssen zunächst in ihrer Funktion verstanden werden, bevor man sie ändern kann. Neben einer Beobachtung von Auslösern und Konsequenzen gehört auch das Verständnis von Autismus- und Lernmerkmalen dazu.

2.2.2 Entwicklungs- und Intelligenzniveau

Um einzuordnen, ob jemand über eine durchschnittliche oder sogar überdurchschnittliche Intelligenz verfügt oder als lern- oder geistig behindert gilt, können Intelligenztests, Entwicklungsskalen, oder Skalen zur allgemeinen Selbstständigkeit angewandt werden (BSID-III, 2007; HAWIK-IV, 2007; Vineland Adaptive Behavior Scale-3, 2016; PEP-R-3, 2004). Bei der Interpretation von Intelligenzwerten muss allerdings berücksichtigt werden, dass IQ-Werte – speziell bei jungen Kindern mit ASS – schwer bestimmbar und oft nicht sehr stabil sind. Dennoch kann die Intelligenzdiagnostik gemeinsam mit einer Beurteilung der Selbstständigkeit und Selbstversorgung einen wichtigen Hinweis auf das allgemeine Entwicklungsniveau geben (ausführlicher, s. Bölte & Bormann-Kischkel, 2009).

Während man bis Ende der 1990er Jahre davon ausging, dass nur 20 % aller Kinder mit ASS eine normale Intelligenz aufwiesen, geht man heute davon aus, dass 25 % bis 45 % der Kinder mit ASS eine durchschnittliche Intelligenz haben (IQ > 85; 100 ist der Durchschnittswert). Etwa die Hälfte hat eine Lern- oder Geistige Behinderung, wobei 16 % als mittelgradig bis schwer geistig behindert gelten. Drei Prozent zeigten überdurchschnittliche IQ-Werte (IQ > 115), (Charman et al., 2010).

> **Beachte!**
> Etwa die Hälfte der Betroffenen ist durch eine Lern- oder geistige Behinderung zusätzlich eingeschränkt. Auch niedrige Intelligenzwerte und geringe Selbständigkeit sollen jedoch nicht entmutigen, sondern als Herausforderung zum Verbessern derselben angesehen werden.

2.2.3 Lernhindernisse

Neben obigen Einschränkungen stehen in vielen Fällen *Aufmerksamkeits- und Motivationsprobleme* sowie *Probleme mit Organisationsfähigkeit oder Flexibilität* im Vordergrund. So konnte eine hohe Komorbidität für das Aufmerksamkeits-Defizit-Syndrom und Hyperaktivität (ADS, ADHS) gezeigt werden. Etwa 40 % der Kinder mit ASS haben auch die ADHS-Diagnose (Leyfer et al, 2006). Manche Schüler mit ASS sind sehr unruhig und es fällt ihnen schwer, lange still zu sitzen. Sie reagieren häufig nicht auf Anweisungen des Lehrers an die Gruppe, sondern sie brauchen wiederholte, direkte Einzelansprache. Auch in Einzelsituationen fällt auf, dass Kinder mit ASS durch mangelndes Hinsehen und Hinhören speziell in größeren Lerngruppen überfordert sind.

Während die meisten neurotypischen Kinder durch Lob motiviert werden, wird Lob speziell von jungen oder schwerer beeinträchtigten Kindern und Jugendlichen oftmals nicht wahrgenommen, es sei denn, es wird übertrieben und direkt geäußert. Besonders zu Beginn der Therapie ist es daher oft notwendig, dass Kinder durch Kombination von Lob und expliziter sozialer oder materieller Verstärkung (z. B. Kitzeln, Seifenblasen oder anderer kleiner Spielzeug- oder Nahrungsverstärker) lernen, auf soziales Feedback zu achten und Anweisungen zu befolgen. Auch sind oft intensive Wiederholungen kleinster Lernschritte erforderlich, damit Kinder erfolgreich lernen können. Bei Lernerfolgen muss außerdem sichergestellt werden, dass das Gelernte in den Alltag generalisiert wird (ausführlicher, s. Bernard-Opitz & Nikopoulos, 2016).

> **Beachte!**
> Oft können Kinder mit ASS nicht von normalen Lernsitua-
> tionen profitieren, sondern brauchen spezielle Strukturen und
> verhaltenstherapeutische Lernformate, um erfolgreich zu
> sein.

2.2.4　Exekutive Funktionen

Während Kleinkinder im Augenblick leben und sich meist recht
ungeplant mit verschiedenen Dingen beschäftigen, wird ihr
Handeln im Laufe der Entwicklung zunehmend zielgerichteter.
Ihr »Spiel« wird weniger zufallsbestimmt, sondern durchdacht
und organisiert. Je älter sie werden, desto mehr schaltet sich dabei
das Frontalhirn in Entscheidungen ein. Bevor Handlungen
ausgeführt (»exekutiert«) werden, wird überlegt, was man wo,
wie, wie lange und vielleicht auch mit wem macht. Hierbei
werden Prioritäten festgelegt, Möglichkeiten durchdacht und
Handlungen flexibel an die jeweilige Situation angepasst. Zum
Teil wird sogar abgewägt, was die anderen über das eigene
Handeln denken und welche Konsequenz die eigenen Handlungen haben können. Dieses kognitiv gesteuerte Handeln fällt
allerdings nicht jedem zu. So sind besonders Menschen mit
ADHS und auch Menschen des Autismus-Spektrums oft impul-
siv, leicht frustriert und wenig »stresstolerant«. Es wird geschätzt,
dass etwa 80 % der Betroffenen mit ASS Probleme mit diesen sog.
»exekutiven Funktionen« haben. Generell fällt es ihnen schwer,
selbstmotiviert zu handeln, zu planen, zu organisieren sowie
Probleme zu lösen und dabei die emotionale Kontrolle zu
behalten (Boroson, 2011). Dies hat Auswirkungen auf ihre
Selbstständigkeit und ihr Sozialverhalten (Pellicano, 2012).

Der bereits als Autismusmerkmal beschriebene *Wunsch nach vorhersehbaren Abläufen* kann schon im Kindergarten ein wichtiger Grund für Problemverhalten sein. Das »normale Chaos« des Freispiels, der unangekündigte Wechsel von drinnen nach draußen sowie der hohe Lärmpegel ist für viele Kinder Grund für Rückzug, Weinen, Angstverhalten oder Selbststimulation.

> Die 5-jährige Tina steht im Kindergarten meist an der Heizung und klopft stereotyp dagegen oder sie klappt ausdauernd Toilettendeckel auf und zu. Hält man sie davon ab, setzt sie sich auf die Fensterbank und wartet auf das Auto ihrer Mutter.

Ältere Kinder, Jugendliche und Erwachsene zeigen eine vergleichbare Tendenz, voraussehbare Abläufe und überschaubare Strukturen zu bevorzugen. Oft sind sie fokussiert auf ihre Bedürfnisse, Interessen, Themen und Pläne, und es fällt ihnen schwer, sich auf die des Gegenübers einzustellen. Hierbei können einseitige oder ungewöhnliche Interessen beobachtet werden, denen sie intensiv nachgehen. Dieses *»Überfokussieren«* hat deutliche Vor- und Nachteile: Betroffene mit ASS können sich oft besser und länger konzentrieren und sich intensiver als mancher Neurotypische mit ihren Spezialgebieten beschäftigen. Andererseits »haken« sie sich leichter an einer bestimmten Meinung, einem bestimmten Thema oder einer Lösungsmöglichkeit fest und sind daher wenig flexibel beim Lösen von Problemen und der Berücksichtigung der Perspektive des anderen (Wilkens & Burmester, 2015). Sie *stecken bei Konflikten oft fest* und finden allein keinen Ausweg (Attwood, 2009). Problemlösen aber setzt das Abwägen verschiedener Alternativen voraus, was Personen mit ASS im Allgemeinen sehr schwer fällt.

33

> Da die Schulbegleitung vorschlägt, eine kurze historische Einführung in das Thema zu schreiben, Aiko aber seinen Aufsatz nicht ändern will, eskaliert ein Konflikt. Aiko widerspricht vehement, kündigt an, dass er »in den Streik geht«, zerreißt seinen Wochenplan, und verbarrikadiert sich schließlich im Klassenzimmer.

Oft können Betroffene sich schlecht auf zwei Gedankengänge oder das gleichzeitige Erledigen von zwei oder mehreren Sachen, sog. »*multi-tasking*«, konzentrieren. Dieses kann ebenfalls zu Frustration bei den Betroffenen und ihrer Umwelt führen. Andere halten sich an Details auf, ohne das große Ganze zu sehen (sie »*sehen den Wald vor Bäumen nicht*«) und können durch endlose Monologe ihre Gesprächspartner zur Verzweiflung treiben. Abstrakte Äußerungen, ironische Bemerkungen und Redewendungen werden oft wörtlich genommen, was zu Missverständnissen, Isolation oder schlimmstenfalls zu Mobbing führen kann. Äußerungen wie »Du bist wohl auf den Kopf gefallen«, »Das Thema ist gegessen« oder »Es ist alles in Butter« lösen bei Betroffenen nicht selten Unverständnis und Verwirrung aus.

> Während alle Mitschüler den Test angefangen haben, wartet Benjamin mit gezücktem Bleistift auf das Startzeichen zum Testbeginn, denn die Lehrerin hatte bei der Testausgabe gesagt: »Fangt nicht an, bevor ich es Euch sage… okay, jetzt könnt Ihr Eure Bleistifte nehmen.«

Auch eine *eingeschränkte Organisationsfähigkeit und mangelnde Entscheidungsfreude* kann es für Betroffene frustrierend machen, Alltagsprobleme angemessen zu bewältigen.

- Tim setzt zunächst den Rucksack auf und merkt erst dann, dass es jetzt schwerer ist, die Jacke anzuziehen.
- Fabian läuft in der Pause immer um den Schulhof herum, ohne sich für ein Spielgerät oder eine Kindergruppe zu entscheiden.

Oft führt das mangelnde Verstehen von räumlichen Anordnungen und zeitlichen Abläufen zu Schwierigkeiten. Diese treten besonders häufig bei Warte- oder Übergangssituationen auf, können aber auch gewöhnliche Alltags-, Therapie- und Schulsituationen erschweren. So kann es schwerfallen, den Rucksack zu packen, die Hausaufgaben zu erledigen oder das Schulprojekt im Rahmen der verfügbaren Zeit zu bewältigen. Während es für viele neurotypische Kinder einfach ist, zu wissen, was sie wo, wann und wie machen sollen, was zuerst kommt und was danach, brauchen Betroffene mit ASS hierfür oft gezielte Hilfe.

- So weint Simon und schlägt sich selbst, wenn seine Mutter das Haus verlässt. Im Gegensatz zu neurotypischen Kindern hat er keine Vorstellung davon, ob und wann sie wiederkommt.
- Tanja besteht darauf, dass Besucher ihre »Besuchsroutine« schnell erledigen und drückt ihnen bereits bei der Begrüßung die Tassen und Kuchengabeln in die Hand.
- Noah versteht nicht, warum das Auto seiner Mutter an der roten Ampel hält und sie nicht weiterfährt, selbst wenn er einen Wutanfall bekommt.

Soziale Konflikte und schwere Aufgaben können leichter bewältigt werden, wenn man teamfähig ist und über gute Problemlösestrategien verfügt. Oft fällt das Betroffenen mit ASS nicht

35

leicht. Auch hier gilt die Devise, dass Probleme als Hinweise auf wichtige Ziele im Behandlungsplans gesehen werden sollten.

> **Beachte!**
> Probleme mit exekutiven Funktionen sollten vergleichbar ernst genommen werden wie Autismus-Merkmale und andere Lernhindernisse. Auch sie können Ursache von Verhaltensproblemen sein.

2.2.5 Emotionale Auffälligkeiten

Leichte Erregbarkeit, erhöhte Ängstlichkeit, eine geringe Stresstoleranz, aber auch depressives oder apathisches Verhalten können besonders bei Jugendlichen und jungen Erwachsenen mit ASS beobachtet werden. So zeigen etwa 40 % der Betroffenen mit ASS spezielle *Ängste*, wie die Angst vor Geräuschen, Trennung oder sozialen Kontakten (Leyfer et al, 2006). Während manche Ängste Überlappungen zu neurotypischen Ängsten aufweisen (z. B. Angst vor Hunden, Spritzen, Krankheit oder Umweltkatastrophen), wirken andere Ängste eher ungewöhnlich (z. B. Angst vor Wind, Toiletten oder neuen Wegen). Eltern berichten darüber hinaus, dass ihre Kinder aus scheinbar nichtigen Anlässen anfangen zu weinen, wütend zu werden oder eine erhöhte allgemeine Ängstlichkeit zeigen. Oft sind sie nach einem normalen Schultag so überwältigt, dass sie eine Ruhephase brauchen, um wieder ihre Balance zu finden.

Kinder mit HFA (Hochfunktionalem Autismus) bemerken oft etwa ab der dritten Klasse ihre Andersartigkeit und neigen dazu, ein mangelndes Selbstvertrauen, negativistische, depressive oder aggressive Tendenzen zu entwickeln (Moyes, 2002). Bei der

Therapieplanung müssen obige Tendenzen und mögliche positive Alternativen daher ebenfalls berücksichtigt werden.

> **Beachte!**
> Eine erhöhte Impulsivität, eine geringe Frustrationstoleranz, Ängste und depressive Tendenzen machen den Betroffenen, ihren Familien und ihrem sozialen Umfeld das Leben oft nicht einfach. Sie können eine Bedingung für Verhaltensprobleme sein.

2.3 Welche Stärken und positiven Seiten gibt es bei Menschen mit Autismus?

In diesem Band werden Verhaltensprobleme von Kindern, Jugendlichen und Erwachsenen mit ASS betont. Das bedeutet jedoch nicht, dass ASS nicht mit Stärken einhergehen kann. Ganz im Gegenteil: Einige exzentrische Menschen mit vermuteten ASS haben wichtige Erfindungen gemacht oder brillante Kunst hinterlassen, wie z. B. Albert Einstein, Isaac Newton, Andy Warhol oder Christian Anderson (Boroson, 2011). Auch wenn wir nicht hinter jedem Menschen mit ASS ein Genie vermuten sollten, können ihre Faszinationen, Interessen und gegebenenfalls Sonderbegabungen helfen, Lernen zu ermöglichen, relevante Fähigkeiten zu entwickeln und gleichzeitig Verhaltensprobleme abzubauen. Sie können als motivierende Anreize sowie auch als Verstärker hilfreich sein.

2.3.1 Sonderfähigkeiten, Interessen und Faszinationen

Menschen mit Autismus sind meist detailorientiert, systematisch und eher an Ordnungssystemen interessiert, als an Sozialkontakten und dem Eindenken in andere. Baron-Cohen hat dies mit den Begriffen »*Systematiker*« statt »*Empathiker*« anschaulich beschrieben (Baron-Cohen, 2009). Die Faszination mit Systematiken und Ordnungen führt oft zu überdurchschnittlichem Sonderwissen und speziellen beruflichen Fähigkeiten. Dieses kann bei numerischen, mechanischen, naturbezogenen oder künstlerischen Systemen wie den folgenden beobachtet werden:

- Mechanische Systeme: Drehspielsachen, Videorecorder, Magnete, Autos, Waschmaschinen, Toilettenspülung, Rohrleitungen etc.
- Numerische Systeme: Fahrpläne, Kalender, Geburtstage, Geschichtszahlen, Mathematik, Programmieren etc.
- Naturbezogene Systeme: Wetter, Gezeiten, Astronomie, Schwarze Löcher, Dinosaurier, Ameisen etc.
- Künstlerische Fähigkeiten: Genaues Nachahmen von Videosequenzen, Akzenten, Geräuschen, photographisch getreues Malen, Musizieren etc.

Beachte!
Die Stärken, Interessen und Faszinationen von Personen mit ASS sind vergleichbar wichtig wie ihre Schwächen. Oft können sie als aufgabeninterne Verstärker oder aber als spezielle Lernanreize eingesetzt werden. Darüber hinaus tragen sie zu einem verbesserten Selbstbild der Betroffenen bei.

2.3.2 Positive Autismusmerkmale

Betroffene am oberen Ende des Autismus-Spektrums sind bei Arbeitgebern oftmals durch ihr Engagement, ihre Zuverlässigkeit, Genauigkeit und Ehrlichkeit beliebt. In drei Prozent der Fälle kann sogar eine erhöhte Intelligenz beobachtet werden, die häufig gepaart ist mit ungewöhnlichem Wissen, eindrucksvollen Gedächtnisleistungen und Sonderfähigkeiten in technischen oder künstlerischen Bereichen (Charman et al, 2010). Darüber hinaus erlebt man immer wieder Momente voller Überraschungen oder trifft Kinder, Jugendliche oder Erwachsene, die einen umwerfenden Charme haben.

- Melvin kommentiert beim Hinweis auf ein Fehlverhalten »Ja, das seh' ich alles ein, aber es gibt ja immer noch Luft zur Decke, nicht wahr Papa?«.
- Die Selbstkorrektur des 16-jährigen Alvin bei einem Monolog über sein Hobby »Ups, das war ein Ich-Gespräch« kann so manchem von uns eine Lehre sein.

Auch bei schwerer betroffenen Kindern und Jugendlichen wirkt die oft ungetrübte Freude und Faszination an den meist unbeachteten Dingen des Alltags erfrischend, seien es bestimmte Geräusche, Gegenstände, Muster, Bewegungen oder aber ungewöhnliche »Leidenschaften«, wie Lieder oder Videoabfolgen, Rasenmäher, Regenrinnen oder Abflussrohre. Es gehört zu den Höhepunkten der verhaltenstherapeutischen Arbeit, wenn man hinter Problemverhalten Entwicklungschancen erkennen kann (s. auch Kluth & Schwarz, 2008).

Der eingangs erwähnte Michael, der auf ein bestimmtes Lied im Stuhlkreis fixiert war, kann durch eben dieses Lied verstärkt werden, indem er vor dem Singen mithelfen muss, alle Stühle im Kreis aufzustellen. Ein Kalender mit bildhaften Darstellungen seines Lieds am Anfang und Ende des Stuhlkreises zeigt ihm, zu welchem Zeitpunkt sein Wunsch erfüllt wird und dass der Ablauf von seinem Schreien unabhängig ist. Im nächsten Schritt lernt Michael, erste Liedergesten nachzumachen. Kurze Zeit später ist er in der Lage, sein Lieblingslied in einem ganzen Satz zu erbitten.

3 Wie können Verhaltensprobleme verstanden werden?

Für die Entwicklung eines Therapieplans ist es zunächst wichtig zu beschreiben, was man als »Verhaltensproblem« bezeichnet und was sich genau beobachten lässt. In einem zweiten Schritt muss im Rahmen einer Verhaltensanalyse verstanden werden, welche Situation das Problem auslöst und welche Bedingungen und Funktionen das Verhalten hat.

3.1   Was gilt als Verhaltensproblem?

Verhaltensprobleme können das Leben in der Gemeinschaft und die Teilhabe an einem normalen Leben erheblich einschränken. Oft werden diese Verhaltensweisen als »*herausforderndes Verhalten*« bezeichnet, was weniger stigmatisierend ist, als sie als Störung oder Problem zu bezeichnen. Auf diese Weise wird betont, dass es sich um eine Herausforderung zur gezielten Hilfe handelt.

Viele Jugendliche und junge Erwachsene am oberen Ende des Autismus-Spektrums fallen ungewollt auf durch bestimmte Bewegungsmuster, unangemessene Bemerkungen, emotionale Ausbrüche, eine zu geringe Distanz zum Gegenüber oder mangelnde Sensibilität in sozialen Situationen. Hier kann es gegenüber den Betroffenen hilfreich sein, dieses Verhalten wertfrei als »*unerwartetes Verhalten*« zu bezeichnen (»unexpected behavior«, Garcia-Winner, 2007) und danach mit ihnen zu klären, ob und welche Vorteile sich aus einer möglichen Verhaltensänderung ergeben könnten.

- Der 17-jährige Brian fällt bereits durch seine Körpergröße von 1,95 Metern auf; wenn er jedoch auf dem Parkplatz der Schule zusätzlich mit abrupten Bewegungen, weit ausholenden Schritten und lauter Stimme mit dem Handy telefoniert, zieht er die Blicke der Passanten magisch an.
- Auch der 10-jährige Chris steht – gewollt oder ungewollt – im Mittelpunkt, wenn er bei jedem Niesen oder Husten in der Kirche in lautes Lachen und Nachahmen des für ihn interessanten Geräuschs verfällt.

Zum Teil gilt ein Verhalten bei Kindern als normal (z. B. mit Sand werfen), bei einem Jugendlichen oder Erwachsenen jedoch als auffällig. Auch umgekehrt kann ein junges Kind damit auffallen, dass es Interessen hat und Bemerkungen macht, die man erst in einem späteren Alter erwarten würde (z. B. wenn ein Vierjähriger mehr über schwarze Löcher weiß als der Therapeut). In diesem Fall würde man eher von einem auffälligen oder unerwarteten Verhalten sprechen, als von einem Verhaltensproblem im engeren Sinn.

In manchen Fällen wird ein Verhalten zuhause toleriert (z. B. Dinge aufreihen, mit Dingen wedeln, drehen, an den Haaren des Gegenübers stimulieren), das gleiche Verhalten in der Schule oder der Öffentlichkeit aber nicht akzeptiert. Im amerikanischen Schulgesetz (Individuals with Disabilities Education Act: IDEA, 1999) findet sich die Empfehlung, diejenigen Verhaltensweisen anzugehen, die mit dem Lernen des Schülers mit ASS oder seiner Mitschüler interferieren.

> Wenn Jim mit seinen Fingern wedelt, sollte das therapeutisch angegangen werden, wenn es entweder ihn oder seine Mitschüler vom Lernen abhält (Moyes, 2002).

Eine wichtige Zusatzfrage ist, ob das Verhalten durch seine Häufigkeit, Dauer oder Intensität ein Problem darstellt. Entscheidend ist darüber hinaus, ob das Problem der zukünftigen Entwicklung der Person mit ASS bzw. seiner sozialen und beruflichen Inklusion im Wege steht. Hierbei kann die *Fünfer-Regel* hilfreich sein: Wird das Verhalten in fünf Wochen, in fünf Monaten und in fünf Jahren immer noch ein Problem sein (Coucouvanis, 2015)?

> **Beachte!**
> Diejenigen Verhaltensweisen sollten angegangen werden, die mit dem Lernen des betroffenen Schülers oder seiner Mitschüler interferieren. Die Fünferregel: Wird das Verhalten in 5 Wochen, 5 Monaten und in 5 Jahren immer noch ein Problem sein?

Generell ist die Einordnung von Verhaltensbesonderheiten als »normales Verhalten« oder »Verhaltensproblem« nicht immer eindeutig. Sie ist abhängig vom Alter und dem Verständnisniveau des Betroffenen, seiner sozialen Situation und den Erwartungen von Eltern, Lehrern und anderen Beteiligten. Der Einfachheit halber sprechen wir im Folgenden von »Verhaltensproblemen«, wobei die folgende Definition zugrunde gelegt wird:

> Ein Verhaltensproblem ist ein Verhalten, dass...
> • die körperliche und psychische Gesundheit des Betroffenen gefährdet.
> • den Betroffenen bzw. seine Umwelt erheblich einschränkt.
> • einer erfolgreichen Teilhabe an Bildung, Arbeit und dem Leben in der Gemeinschaft im Wege steht.

3.2 Welche Verhaltensprobleme treten auf?

Eine vollständige Liste von Verhaltensauffälligkeiten würde den Rahmen dieses Bandes überschreiten. Daher soll im Folgenden ein Überblick über die Verhaltensweisen gegeben werden, die von Eltern, Lehrern oder Betroffenen am häufigsten als Problem aufgeführt werden.

Kinder mit Autismus fallen meist bereits in jungen Jahren durch *Selbststimulationen*, wie z. B. ausdauernde Drehungen mit sich oder Gegenständen, Wedel- oder Schaukelbewegungen auf. Bereits Zweijährige können stundenlang der Waschmaschine oder dem Teller in der Mikrowelle zuschauen. Einige Kinder setzen gekonnt alle möglichen Gegenstände in kreiselnde Bewegungen. Auch Wedel-Bewegungen können faszinierend sein, sei es ein Zweig vor dem Fenster des Klassenzimmers oder der Schlauch im Garten des Nachbarn, der in großem Bogen hin- und hergeschlenkert wird. Während manche Kinder von Wasser, Sand, und Schatten fasziniert sind, führt bei anderen die Berührung mit Sand oder Wasser zu starker Abwehr. Auch Bewegungen mit dem Körper, wie Schaukeln, Wedeln mit den Händen oder Schlenkern der Arme können als Selbststimulation bezeichnet werden. Kinder können sich darüber hinaus mit stereotypen Geräuschen oder Tönen stimulieren oder durch wiederholende Laute, Worte oder Sätze auffallen. Manchmal muss erst eine Verhaltensanalyse durchgeführt werden, um gleichbleibende, wiederholende Verhaltensweisen als selbststimulativ einordnen zu können.

> **Beachte!**
> Wenn ein Verhalten wiederholt in immer gleicher Weise gezeigt wird, ohne dass der Betroffene eine Reaktion des anderen erwartet oder eine Anforderung vermieden wird, handelt es sich wahrscheinlich um eine Selbststimulation.

Ungewöhnliche Reaktionen sind in allen Wahrnehmungsbereichen beschrieben worden, wobei Betroffene sowohl zu hypersensibel auf Reize reagieren oder auch manche Reize gar nicht beachten. Diese bereits erwähnte »Über- bzw. *Unter-Reaktivität*« weist auf die Wahrscheinlichkeit sensorischer Störungen hin. In extremen Fällen kann *Selbstverletzungsverhalten*, z. B. sich kratzen, sich schlagen oder beißen, beobachtet werden. Eine Unempfindlichkeit gegenüber Schmerzreizen ist deutlich bei Kindern und Jugendlichen, die selbst bei deutlichen Verletzungen keine Reaktion zeigen.

Einige Eltern berichten von *wiederholenden, sinnlos anmutenden* »*Spieltätigkeiten*«, wie dem Aufreihen oder Verteilen von Gegenständen im Raum. Versucht man, dieses Verhalten zu unterbrechen, reagieren die Kinder meist mit massivem Protest. *Rigide, ritualistische und unflexible Verhaltensweisen* sind ein weiteres Merkmal bei Betroffenen. So kann es in einen Nahkampf ausarten, wenn man auf dem Spielplatz an einer Schaukel vorbeigeht, ohne dass das Kind sie kurz anstoßen oder »besetzen« darf. Auch kann das Spiel mit einem betroffenen Kind für andere Kinder (und Erwachsene) sehr anstrengend werden, da man sich an die starren Regeln halten muss, z. B. immer »Pferde spielen« oder »nie ein Auto über die Schranke fahren lassen«. Auch kann es Passagieren in Bussen oder Bahnen passieren, dass sie unvermittelt von ihrem Sitzplatz vertrieben werden, weil sie genau dort sitzen, wo ein Jugendlicher mit ASS seinen »Stammplatz« hat. In der Schule kann die Faszination mit bestimmten Themen oder der Zwang, alles richtig machen zu »*müssen*«, zu Problemen führen.

Während die Betroffenen Selbststimulationen meist als beruhigend erleben, werden zwanghafte Verhaltensweisen i. d. R. als belastend beschrieben. Oft bezeichnen auch Eltern oder Ehepartner die rigiden Verhaltensweisen des Lebens mit einem von ASS Betroffenen als unerträglich. Stets gleiche Alltagsabläufe, stures Bestehen auf bestimmten Abfolgen, Kleidungsstücken oder eingeschränkte Nahrungsvorlieben machen das Leben mit Menschen mit Autismus zu einer Gradwanderung. Immer wieder muss man bestimmte Wege gehen, muss das Licht an- oder auslassen und darf Türen nicht schließen oder offen lassen. Rainman, der nur »Boxershorts von K-Mart« trägt, ist für den Mangel an Flexibilität ein treffendes Beispiel.

Viele Kinder reagieren darüber hinaus nicht auf Anweisungen oder/und sind oft die »*Bestimmer/Bosse*« in der Familie, im Kindergarten und der Schule. Durch wiederholte Bitten, massive Wutausbrüche oder herzzerreißende Weinattacken versuchen sie oben beschriebene Vorlieben, Faszinationen und Rituale durchzusetzen. Auch hier muss zunächst analysiert werden, was hinter dem Verhalten steht und welche Funktion es für das Individuum mit ASS erfüllt.

Wutanfälle, aggressives und destruktives Verhalten gehören für viele Familien zu den schwierigsten Verhaltensproblemen. In einer Untersuchung an 1380 Kinder mit ASS zwischen 4 und 17 Jahren zeigten 56 % der Kinder aggressives Verhalten gegenüber Bezugspersonen (Kanne & Mazurek, 2011). Es konnte dabei gezeigt werden, dass – im Gegensatz zu neurotypischen Kindern – Mädchen mit ASS genauso häufig aggressives Verhalten zeigten wie Jungen. Während neurotypische Kinder durch aggressives Verhalten meist versuchen, Aufmerksamkeit zu bekommen oder Anforderungen zu vermeiden, reagieren Kinder mit ASS meist aggressiv, wenn ihre Stereotypien unterbrochen werden oder wenn sie eine unangenehme sensorische Situation vermeiden wollen (Reese et al, 2005). Auch bei diesem Verhalten muss jedoch eine genaue Verhaltensanalyse zeigen, was dem individuellen Problem zugrunde liegt.

Eine geringe *Frustrationstoleranz* und *ein hohes Stresslevel* sind für viele Betroffene mit ASS kennzeichnend. Dieses wurde in wissenschaftlichen Untersuchungen bestätigt. So zeigten

Spratt et al (2012), dass Kinder mit ASS im Alter zwischen 3 und 11 Jahren gegenüber neurotypischen Kindern abnorme Cortisol-Antwort auf Umgebungsstressoren zeigten. Ebenfalls beobachtet wurde eine längere Dauer der Erholung vom erlebten Stress.

Vergleichbar problematisch sind die bereits erwähnten *depressiven oder auch ängstlichen Verhaltensweisen* von Betroffenen. Ein besonders eindrucksvolles Merkmal ist die Tendenz mancher Kinder und Jugendlicher hilflos zu wirken, eine Tendenz, die als »*erlernte Hilflosigkeit*« bezeichnet wird.

- Es scheint zunächst so, als könne Svenja aufgrund feinmotorischer Probleme sich nicht anziehen oder Puzzleteile nicht greifen. Umso überraschender sind allerdings Videoaufnahmen aus dem Alltag des Mädchens. Hier zeigt sich, dass sie beliebte Kekse sehr wohl allein aufnehmen kann, bei Hunger die Kühlschranktür allein öffnet und sogar ein echtes Pferd mit gutem Krafteinsatz hinter sich herzieht.
- Julian ist ein freundlicher und fröhlicher Teenager mit einer leichten Lernbehinderung und einer ASS. Im Laufe seiner Inklusion in einer Regelklasse wird er allerdings zunehmend passiver, wortkarger und »hilfloser«, je mehr seine Schulbegleiterin versucht, die Anforderungen des Regelunterrichts für ihn zu vereinfachen.

Beobachtungen in verschiedenen beliebten und unbeliebten Situationen bestätigen den Verdacht, dass Svenja gelernt hat, hilflos zu sein. Das Konzept der »erlernten Hilflosigkeit« trifft ansatzweise auch bei Julian zu, der täglich erlebt, dass seine Klassenkameraden sehr viel leichter lernen als er und er umso mehr Hilfe bekommt, je weniger er sich bemüht.

Diese Beispiele verdeutlichen, dass Problemverhalten nicht nur als Momentaufnahme gesehen werden sollte, sondern dass verschiedene Situationen und Hintergründe des Betroffenen berücksichtigt werden müssen.

4 Was sind die Funktionen und die zugrundeliegenden Bedingungen von Verhaltensproblemen?

Wie bereits angedeutet sind Verhaltensprobleme abhängig von beobachtbaren Auslösern und Konsequenzen (das »Sichtbare des Eisbergs«, ▶ Abb. 1 und ▶ Abb. 2), aber auch von nicht direkt beobachtbaren Auslösern, die »unter der Wasseroberfläche« das Verhalten mitbedingen. Um ein erstes Verständnis der Probleme zu erlangen, ist eine Situations- oder *Mikroanalyse* sinnvoll. Hierbei werden direkte auslösende Stimuli, also das, was unmittelbar vor der Verhaltensauffälligkeit passiert ist, die aktuelle Befindlichkeit sowie die Konsequenzen, die beobachtbar auf das Verhalten folgen, analysiert. Hieran kann sich eine umfassendere

Makroanalyse anschließen, die einen Aufschluss über zugrundeliegende und aufrechterhaltende Bedingungen des Verhaltens gibt (Hergenröther, 2016). Ein sinnvoller Verhaltensplan kann meist erst dann entwickelt werden, wenn individuelle Autismus- und Lernmerkmale sowie die Befindlichkeit des Individuums mit einbezogen werden.

4.1 Was ist eine Funktionale Verhaltensanalyse?

Eine funktionale Verhaltensanalyse ist ein systematischer Versuch, Ursachen und Funktionen von Verhaltensproblemen zu verstehen. Durch systematische Beobachtung der Problemsituation und Befragung von Bezugspersonen oder ggfs. des Betroffenen selbst können hypothetische Ursachen und Funktionen abgeleitet werden. Die folgenden Schritte liegen dabei einer funktionalen Verhaltensanalyse zugrunde:

• Verhaltensproblem definieren - Operationalisieren
  – Was genau ist das Problem?
• Bezugspersonen/Beobachter/Betroffenen befragen - Erste Hypothese über die Funktion des Verhaltens
  – Wie ging es N.N. vorher/in der Situation?
  – Was war der Auslöser des Problems?
  – Was war die Konsequenz?
  – Wie hat der Betroffene auf die Konsequenz reagiert?
• Verhalten beobachten - Baseline (Grundkurve) und Experimentelle Analyse
  – Wie oft/lang/intensiv tritt es auf
  – Wann tritt es auf?

- Bei wem tritt es auf?
- In welcher Situation tritt es auf?
- Wann tritt es nicht auf?
♦ Funktion des Verhaltens beschreiben

4.2 Verhaltensprobleme sind gelernt – Mikroanalyse – Das ABC und S-O-R-K Modell

Auf einer *ersten Verständnisebene* werden aktuelle Problemsituationen in ihrem unmittelbaren Bezug analysiert. Um eine
Funktionale Verhaltensanalyse durchzuführen, beschreiben Verhaltenstherapeuten oder ABA-lizensierte Kollegen (Board Certified Behavior Analysts, BCBAs) zunächst das spezielle Verhaltensproblem so, dass man es objektiv beobachten kann. Diese
sog. *Operationalisierung* hilft dabei, dass unabhängige Beobachter sich einig sind über ein und dasselbe Verhalten. So sind Be-
schreibungen wie »er ist aggressiv« oder »sie stört den Unterricht« nicht eindeutig genug; dagegen führt die Beschreibung »er
schubst« oder »sie macht stereotype Geräusche« zu objektiven
Beobachtungen. Hiermit wird es möglich, die Häufigkeit, Dauer
oder auch Intensität des Verhaltens zu beobachten. Dies sollte
vor Therapiebeginn stattfinden, um den Effekt der Behandlung
kontrollieren zu können. Die sog.»*Grundkurve*« (Englisch: baseline) lässt sich später mit den Daten unter dem jeweiligen
Therapieeinfluss vergleichen – ähnlich wie bei einer Diät, bei der
man sich im Voraus über eine gewisse Zeit regelmäßig wiegt, um
die Effekte der Diät auf die Gewichtsabnahme auch tatsächlich
beurteilen und auf die Diät zurückführen zu können.

53

Durch *Befragung der Bezugspersonen* oder Beobachter, *Selbstbeurteilungen* der Betroffenen oder *standardisierte Fragebögen* (z. B. Motivation Assessment Skala, Durand & Crimmins, 1992) lassen sich erste Hypothesen über die Funktion des Verhaltensproblems aufstellen. Bei älteren Kindern und Jugendlichen mit einem geringeren Unterstützungsbedarf können auch informelle Rating-Skalen, wie die Einordnung von Situationen unter 1 – 5 (1 = *kein Problem* bis 5 = *höchster Stress*) erste Hinweise darauf geben, was als wenig und was als sehr stressig erlebt wird (▶ Abb. 3).

Abb. 3: Karten mit potentiellen Problemsituationen können auf einer Fünferskala eingeordnet werden (Material mit freundlicher Genehmigung von Kari Dunn-Buron, 2010, *A »5« Could Make Me Lose Control!*)

Besonders durch *Beobachtung der Auslöser und Konsequenzen* des Verhaltens können erste Hypothesen über den aktuellen Grund des Verhaltens entwickelt werden.

Übertragen auf oben bereits kennengelernten Michael (▶ Kap. 2.3.2), der im Morgenkreis des Kindergartens schreit, sobald er ein bestimmtes Lied vermisst, sollte man z. B. folgende Fragen stellen:
- Zeigt Michael vergleichbares Weinen und Schreien nur beim Singen im Stuhlkreis oder auch in anderen Situationen (z. B. Stuhlkreis im Kindergarten, wenn nicht gesungen wird)?
- Ist sein Verhalten das gleiche, wenn eine andere Person den Stuhlkreis leitet?
- Zeigt er das Verhalten auch zuhause? Wenn ja, in welcher Situation?
- Was passiert nach seinem ersten Schreien?

Oft ist eine zusätzliche *experimentelle Analyse* hilfreich, um das Verhalten besser zu verstehen. Im erwähnten Fall des Protests des vierjährigen Michaels beim Singkreis kann man systematisch verschiedene Komponenten der Situation ändern und beobachten, ob sich die Häufigkeit des Protests, die Dauer und Intensität über die verschiedenen Situationen ändert.

Experimentelle Beobachtungen in Michaels Beispiel:
- Was passiert, wenn das Kind, das ein Lied bestimmen darf, in der Mitte des Stuhlkreises sitzt und Michael so deutlicher sieht, wer der »Bestimmer« ist?
- Was passiert, wenn Tonbandaufnahmen abgespielt, statt Lieder gesungen werden?

• Was passiert, wenn eine Wartekarte, ein Liederplan, ein Countdown oder ein Timer anzeigt, wann Michaels Lied gesungen wird?

4.3 Allgemeine zugrundeliegende Bedingungen – Makroanalyse

Neben obiger *Momentaufnahme* müssen auch die individuellen Bedingungen wie Autismusmerkmale und Lernstrategien beurteilt werden *(Makroanalyse)*. In Tabelle 1 werden die verschiedenen Ebenen zusammengefasst, die notwendig sind, Verhaltensprobleme von Menschen mit ASS zu analysieren und damit eine sichere Basis für die Entwicklung von Alternativverhalten zu erhalten (▶ Tab. 1). Bei jeder Verhaltensanalyse bestimmen die Ursache und Funktion des Problems die jeweilige Interventionsstrategie deutlich stärker als das Problem selbst. Auch wenn – wie im folgenden Beispiel – das Verhaltensproblem ähnlich aussieht, kann es ganz unterschiedliche Gründe haben und muss daher auch unterschiedlich behandelt werden.

• Klara spuckt dem neuen Schulbegleiter direkt ins Gesicht, wenn dieser versucht, mit ihr an ihrem Platz zu arbeiten. Je mehr der Schulbegleiter erklärt, dass er das nicht mag, desto mehr freut sich Klara und spuckt weiter.
• Tim dagegen macht gern Blasen mit seiner Spucke und freut sich am Platzen derselben. Er macht das sowohl in der Klasse als auch in der Pause, wenn er alleine herumgeht.

Offensichtlich haben in den obigen Beispielen vergleichbare Verhaltensprobleme unterschiedliche Funktionen: Klara kommuniziert scheinbar etwas mit ihrem Spucken. Es ist wahrscheinlich, dass die Aufmerksamkeit des Schulbegleiters ihr Verhalten verstärkt. Demgegenüber ist das Spucken von Tim vermutlich eher selbststimulativ, da er sich unabhängig von der Anwesenheit anderer an seiner Spucke freut. In jedem Fall müssen Therapiestrategien individuell angepasst werden und können nicht einfach von einem Individuum auf das andere übertragen werden.

> **Beachte!**
> Für Verhaltensänderungen ist die Funktion eines Verhaltens wichtiger als die Topographie. Zentrale Funktionen sind die Kommunikation von Wünschen oder Befindlichkeiten, die Vermeidung von unangenehmen Situationen sowie Wahrnehmungs- und emotionale Probleme.

Tab. 1: Ebenen einer umfassenden Verhaltensanalyse

Analyseebenen	Schritte der Funktionalen Verhaltensanalyse	Beispiele (bitte einfügen)
Mikroanalyse – *das beobachtbare Verhalten, seine Auslöser und Konsequenzen*		
Ebene 1	Analyse nach dem ABC- bzw. S-O-R-K-Vorgehen	Was geht dem Verhalten voraus (A/S)? Was sind die organischen, kognitiven, emotionalen Grundlagen (O)? Wie sieht das Verhalten genau aus (R)? Was ist die Konsequenz (C)?

Tab. 1: Ebenen einer umfassenden Verhaltensanalyse – Fortsetzung

Analyseebenen		Schritte der Funktionalen Verhaltensanalyse	Beispiele (bitte einfügen)
Makroanalyse – *Zugrundeliegende Merkmale*			
Ebene 2	Autismus- merkmale	Welche Auffälligkeiten in der Kommunikation und Interakti- on liegen vor?	
		Welche wiederholenden Ver- haltensweisen, Interessen und Tätigkeiten liegen vor?	
		Welche Wahrnehmungsbeson- derheiten liegen vor?	
Ebene 3	Entwicklungs- und Intelli- genzniveau	Wie ist das Intelligenzniveau/ das Intelligenzprofil?	
		Welche Fähigkeiten, Stärken und Schwächen liegen vor?	
	Lernhinder- nisse	Gibt es: • Fehlerstrategien • Negatives Verhalten/Ge- genkontrolle? • Mangel an Imitationsfähig- keit? • Abhängigkeit von Hilfestel- lungen? • Ungewöhnliche Interessen? • Zwangsgedanken? • Mangelnde Motivation? • Generalisierungsproble- me?	
	Lernstärken	• Visuelle Stärken? • Faszinationen, Motivation?	

Tab. 1: Ebenen einer umfassenden Verhaltensanalyse – Fortsetzung

Analyseebenen		Schritte der Funktionalen Verhaltensanalyse	Beispiele (bitte einfügen)
Ebene 4	Exekutive Funktionen	• Aufmerksamkeitsfokus • Organisation • Problemlösen • Impulskontrolle	
Ebene 5	Allgemeine emotionale Befindlichkeit	• Selbstsicherheit • Allgemeine Ängstlichkeit und spezielle Ängste • Depressive Tendenz • Kognitive Verzerrungen • Stressniveau	
Ebene 6	Allgemeine organische Befindlichkeit	• ADHS • Schlafprobleme • Nahrungsmittelsensibilität • Wahrnehmungsprobleme	
Ebene 7	Soziales Umfeld	• Erwartungen • Unterstützung • Ressourcen	

Auf einer *zweiten Verständnisebene* muss aber auch danach gefragt werden, ob das Verhalten durch *autistische Merkmale* erklärt und effektiver behandelt werden kann (s. auch Aspy & Grossman, 2011; Aspy, Grossmann, Myles & Henry, 2016).

So sollten *Kommunikationsfähigkeiten, Interessen, Stärken und Schwächen* mit in die Analyse einbezogen werden. Kann der Betroffenen am besten durch nonverbale Möglichkeiten, wie Bild- oder Wortkarten, Gesten, Videos oder Skripte alternative Verhaltensweisen entwickeln?

Übertragen auf das Beispiel von Michael:
* Kann Michael angemessen kommunizieren?
* Hat er gute visuelle Fähigkeiten?
* Kann er durch Worte, Gesten oder Bilder andeuten, was er möchte?
* Welche Dinge interessieren ihn außer seinem Lieblingslied?
* Versteht er positive Kontingenzen; d. h. rechnet er mit einer zuverlässigen Konsequenz auf sein Verhalten?

Neben Problemen im Bereich der Kommunikation muss das *Bestehen auf Ritualen und gleichbleibenden Abläufen* als Merkmal autistischer Kinder berücksichtigt werden. Sofern diese Tendenz hinter der Verhaltensauffälligkeit steht, kann das Training von flexiblem Verhalten oder das Training, die Perspektive der anderen anzunehmen, ein wichtiges Therapieziel sein. Auch kann eine Strukturierung der Lernsituation durch klare Ablaufpläne, eine Vereinfachung der Aufgaben, visuelle Hilfen oder Vorgabe passender Skripte sinnvoll sein, damit das Problem in einer vergleichbaren Situation erst gar nicht auftritt (Cohen & Sloan, 2007).

Offensichtlich ist Michael auf einen bestimmten Ablauf beim Singen im Stuhlkreis fixiert. Es ist daher langfristig nicht ausreichend, sein Lieblingslied als Verstärker für positives Alternativverhalten einzusetzen. Stattdessen ist es wichtig, zusätzlich Abläufe wie die Stuhlkreisaktivitäten durch einen Ablaufplan transparenter zu gestalten und an einer generellen Flexibilität Michaels zu arbeiten.

Auch *Wahrnehmungsbesonderheiten* spielen eine wichtige Rolle bei der Entstehung von Verhaltensproblemen. Ist das Verhaltensproblem motiviert durch den Wunsch nach sensorischen

Effekten oder werden mit dem Verhalten eher bestimmte Wahrnehmungseindrücke abgewehrt?

Timmys Eltern und Erzieher sind besorgt, da Timmy, wenn er die anderen Kinder im Kindergarten manchmal küsst, oft dabei beißt. Das häufige Zerkauen seiner T-Shirts gibt einen Hinweis darauf, dass er versucht, mundmotorische Stimulation zu bekommen. Offensichtlich unterscheidet er nicht zwischen Küssen und Beißen, was zu massiven Konflikten im Kindergarten führt. Hier kann es sinnvoll sein, das morgendliche Küssen anderer Kinder durch eine weniger »gefährliche« Geste wie »Hallo«-Winken zu ersetzen und parallel dazu an mundmotorischer Stimulation zu arbeiten.

Auf einer *dritten Verständnisebene* sollten das *Entwicklungs- und Intelligenzniveau sowie mögliche Lernhindernisse* erfasst werden. Wo liegen die intellektuellen Stärken und Schwächen des Betroffenen und wie kann man durch Interessen motivieren und Schwächen kompensieren? Wie lassen sich Fehlerstrategien, Überforderung oder Unterforderung verhindern?

Oft wird bereits bei jungen Kindern im Alltag deutlich, dass sie gute visuelle Fähigkeiten aufweisen.

- So konnte Benno schon als Kleinkind Wege und Orte gut erinnern. Zum Beispiel fand er das Auto der Eltern selbst auf unübersehbaren Parkplätzen wieder, bestand darauf, dass Socken zueinander passten und wusste genau, welcher Schlüssel in die verschiedenen Wohnungstüren passte. Auch das ausdauernde Puzzeln war ein Hinweis auf seine visuellen Stärken.
- Der schwer beeinträchtigte Glenn bewältigt dagegen selbst einfache Sortier- und Zuordnungsaufgaben nicht. Erst als

> bemerkt wird, dass er eine klare Positionspräferenz für rechts zeigt und diese gezielt abgebaut wird, kommt er bei diesen Aufgaben weiter.
>
> * Bei dem eingangs erwähnten Erik ergibt eine Verhaltens-analyse, dass er besonders häufig Rasenmäher spielt, wenn seine Klassenkameraden mit Aufgaben beschäftigt sind, die ihn überfordern. Offensichtlich ist es so für ihn leichter, in eine Phantasiewelt einzutauchen oder aber seine Klasse bzw. seine Lehrerin auf sich aufmerksam zu machen. Alternativen zu den Rasenmähergeräuschen könnten u. a. attraktive Aufgaben mit einem angemessenen Schwierig-keitsgrad sein oder passende kommunikative Skripte wie dem Wunsch nach einer alternativen Tätigkeit.

Besonders bei Personen mit weniger Unterstützungsbedarf stehen auf einer *vierten Verständnisebene* Probleme mit *exekutiven Funktionen* im Vordergrund. Häufig sind mangelnde Planungsfähigkeit sowie unzureichende Flexibilität und Unfähigkeit zum Problemlösen ein Auslöser für Stress- oder Ärger-Reaktionen und soziale Konflikte.

> Bei dem bereits vorgestellten Fall des erfolgreichen Unternehmers ist es notwendig herauszufinden, woher die Konflikte zuhause genau rühren. Selbst der von ihm gut gemeinte wöchentliche Rosenstrauß ist offensichtlich aversiv geworden, weil die Starrheit seiner Alltagsroutinen von seiner Ehefrau als unerträglich empfunden wird.

Auf einer *fünften Verständnisebene* sollten emotionale Probleme als mögliche Ursache für Verhaltensauffälligkeiten angesprochen werden. Wie sieht es mit dem Angst- und Stressniveau sowie der Selbstsicherheit des Betroffenen aus?

Jan sträubt sich täglich dagegen, die Matheklasse zu betreten, obwohl er Mathematik eigentlich mag und gut darin ist. Auf einer Selbstbeurteilungsliste notiert er, dass er ein hohes Stressniveau erlebt, wenn er aufgerufen wird. Bei Nachfragen ergibt sich, dass der Lehrer seinen Namen erwähnt, wenn er ihn auffordert. Damit fühlt der Junge sich jedoch im Mittelpunkt seiner Klassenkameraden, was er versucht zu vermeiden.

Aus obigen Analysen und Gesprächen mit Jugendlichen und Erwachsenen mit ASS kann darüber hinaus versucht werden die Perspektive des Einzelnen einzunehmen, um so ein Verständnis für die Verhaltensprobleme zu erlangen. Allerdings ist das Eindenken hypothetisch und sollte durch individuelle Daten untermauert werden. Zum Teil können visuelle Hilfen wie in der folgenden Abbildung »Was ist das Problem?« oder »Was ist mit wem wo passiert?« kommunikative Hürden überwinden helfen (► Abb. 4 und ► Abb. 5).

Auf einer *sechsten Verständnisebene* müssen organische Bedingungen berücksichtigt werden. Hierauf kann im Rahmen dieses Bandes nicht näher eingegangen werden, Probleme wie Hör- und Sehstörungen, ADHS, Schlafprobleme, ein Anfallsleiden oder Nahrungsmittelunverträglichkeiten sollten allerdings unbedingt als mögliche Mitverursacher von Verhaltensproblemen berücksichtigt werden.

Verhaltensprobleme zeigen sich beispielsweise häufig, wenn die Betroffen einen gestörten Tag-Nacht-Rhythmus haben und nicht ausreichenden *Schlaf* bekommen. Etwa 50 % bis 80 % der Eltern von Kindern mit ASS berichten von Schlafproblemen ihrer Kinder (Richdale & Malow, 2012, Couturier et al, 2005). Ein- und Durchschlafprobleme können zu Gereiztheit, Konzentrationsmangel oder selbststimulativem Verhalten während des

63

Was ist das Problem?

nervös

genervt

wütend

Ich brauch Hilfe

müde

Streit

Mein Problem ist...

Abb. 4: Was ist das Problem?

Abb. 5: Was ist mit wem wo passiert?

Tages führen. Neben verhaltenstherapeutischen Methoden zum Aufbau einer gesunden Schlafroutine sowie Gabe von Eisen sind Untersuchungen mit Melatonin erfolgversprechend (Malow et al, 2012; O'Hara & Schröder).

Allergien werden bei Menschen mit ASS besonders als *Übersensitivität auf Gluten und Casein* diskutiert. Auch hier lassen sich – wie in zahlreichen Veröffentlichungen beschrieben – mögliche Gründe für Verhaltensprobleme entdecken.

Auf einer *siebten Ebene* sollten *Erwartungen der sozialen Umwelt* berücksichtigt werden. Welche Einstellung und welchen Kenntnisstand über ASS und ABA/AVT-Methoden haben Eltern, Erzieher, Lehrer oder Arbeitgeber? Welche Therapiestrategien und Therapieziele sind für sie und den Betroffenen mit ASS wichtig? Letztlich sollten die Eltern als »Experten ihres Kindes« unsere volle Anerkennung erfahren, während wir als Verhaltenstherapeuten oder BCBAs ja vor allem »Experten der Methode sind«. Selbstverständlich spielen die verfügbaren Ressourcen der Familien, der Kindergärten oder Schulen, örtliche Finanzierungsmodelle und schulpolitische Einstellungen wie Förderschulanagebote oder Inklusionsmöglichkeiten eine weitere wichtige Rolle bei der Planung umfassender Förderprogramme.

4.4 Mögliche Funktionen von Verhaltensproblemen – Warum macht er oder sie das?

Bereits 1988 wurde mit Hilfe eines 16-Fragen-Katalogs die Motivation von schwerem *Selbstverletzungsverhalten* (SV) ermittelt. Es wurde deutlich, dass man das SV anhand der jeweiligen Umgebungssituation voraussagen konnte. Wenn die Betroffenen weniger Aufmerksamkeit kontingent auf SV, erhöhte Anforderungen oder einen Entzug von Essbarem erfuhren, nahm die Häufigkeit ihres Verhaltensproblems zu (Durand & Crimmins, 1988; Iwata et al, 1994). Die gute Nachricht dieser experimentellen Analysen war, dass selbst schwere Verhaltensprobleme erlernt waren und somit auch wieder verlernt werden können. Die Bestimmung der jeweiligen Verhaltensfunktion durch systematisches Variieren von potentiellen Auslösebedingungen kann bei Personen mit ASS experimentell erfolgen. Dieses sollte jedoch ausschließlich von erfahrenen Verhaltenstherapeuten oder BCBAs gemacht werden. Es konnte gezeigt werden, dass Verhaltensprobleme reduziert werden konnten durch den Aufbau funktionell gleicher Kommunikation (Carr & Durand, 1985).

Auch heute gelten der Wunsch nach Aufmerksamkeit, nach bestimmten Personen, Objekten und Situationen sowie die Vermeidung von Tadel, Kritik, Anforderungen oder auch Schmerzen als wichtige Funktionen von Verhaltensproblemen. Wenn das Kind einfache Wünsche wie »Hilfe«, »Pause« »Komm« oder »Fertig« sowie Verneinen und Abwehr wie »nein/nicht« oder »Lass das!« nicht ausdrücken kann, kann das ein Grund sein, diese Wünsche durch Verhaltensprobleme mitzuteilen. Das bedeutet jedoch auch, dass diese Ausdrücke (verbal, als Wortkarten oder Handzeichen) zu den wichtigsten Zielen im Kommunikationstraining dieser Kinder gehören sollten (s. auch Coucouvanis, 2015).

5 Wie kann man Verhaltensprobleme verändern?

5.1 Grundlage von Lernprogrammen: Verstärkung, Bestrafung, Modelllernen und kognitives Lernen

Programme zur Verhaltensänderung gehen davon aus, dass verstärkende oder bestrafende Konsequenzen, aber auch positive bzw. negative Modelle sowie Gedanken und Gefühle Verhalten entscheidend beeinflussen. So wie ein Lob, ein Sternchen-Aufkleber oder eine gute Note schon jungen Kindern zeigen, welches Verhalten erwünscht ist, erhöhen auch in späteren Altersstufen positive Konsequenzen die Wahrscheinlichkeit, dass das entsprechende Verhalten öfter auftritt. Ein Kompliment kann beispielsweise bewirken, dass man das gelobte Kleidungsstück häufiger anzieht. Demgegenüber kann eine negative Bemerkung dazu führen, dass das Kleidungsstück kaum noch eine Chance hat getragen zu werden. In jedem Fall sind verstärkende und bestrafende Konsequenzen Teil unseres Alltags – sei es die Tee-, Schokoladen- oder Raucherpause nach einer anstrengenden Arbeit oder die Buhrufe beim Sport bzw. der Strafzettel nach Überschreiten der zulässigen Geschwindigkeit.

Um Verhaltensprobleme von Individuen mit ASS effektiv zu reduzieren und Alternativen aufzubauen ist es wichtig, Grundlegendes über Verstärkung, Bestrafung, Modell-Lernen und kognitives Lernen zu kennen (vgl. entsprechende Basisliteratur oder Kurse zur Verhaltenstherapie/ABA/AVT; Margraf, 2013; Cooper, Heron & Heward, 2007; Bandura, 1991; Atwood, 2009). Die folgende Tabelle gibt zunächst einen einführenden Überblick in die *Wirksamkeit von positiven und negativen Konsequenzen* (▶ Tab. 2; vgl. auch Hergenröther, 2016).

Tab. 2: Wirkung von Verstärkung und Bestrafung

	Positiv Erwünschter Reiz wird hinzugefügt	**Negativ** Befürchteter Reiz wird weggenommen
Verstärker erhöht die Wahrscheinlichkeit, dass ein Verhalten zukünftig häufiger auftritt.	**Positive Verstärkung** Ein positiver Stimulus erfolgt kontingent auf ein Verhalten und erhöht die Wahrscheinlichkeit, dass das Verhalten zunimmt. C+	**Negative Verstärkung** Ein negativer Stimulus wird kontingent auf das Verhalten entfernt und erhöht die Wahrscheinlichkeit, dass das Verhalten zunimmt. C−/
Bestrafende Konsequenz verringert das Verhalten in der Zukunft.	**Positive Bestrafung** Ein negativer Stimulus erfolgt kontingent auf ein Verhalten und erhöht die Wahrscheinlichkeit, dass das Verhalten abnimmt. C−	**Negative Bestrafung** Ein positiver Stimulus wird kontingent auf ein Verhalten entfernt und führt zu einer Verringerung des Verhaltens. C+/

- Im Fall des eingangs beschriebenen Linus und seiner Lehrerin) führt das Kneifen des Jungen dazu, dass die Lehrerin ihm Aufmerksamkeit schenkt (▶ Kap. 2.2.1). Da Linus darauf mit Lachen und weiterem Kneifen reagiert, ist es wahrscheinlich, dass sein Verhalten positiv verstärkt ist. Gleichzeitig kann er die Aufgabe vermeiden, was es ebenfalls wahrscheinlich macht, dass er dieses Verhalten häufiger zeigt (negative Verstärkung).
- Auch Annas Angst vor Ameisen wird dadurch negativ verstärkt, dass sie versucht diese zu vermeiden, indem sie nur auf gepflasterten Steinen geht.

> • Da Les nachts zu spät mit dem Auto der Eltern nach Hause
> kommt, darf er das Auto eine Woche nicht nutzen. Er lernt
> durch den Entzug eines positiven Reizes, dass er das nächste
> Mal pünktlich nach Hause kommt (negative Bestrafung).

Neben dem Versuch, Verhalten über Konsequenzen zu beeinflussen, kann auch das *Verstärken positiver Modelle* hilfreich
sein. Oft führt allein schon das Loben eines anderen Schülers für
ein angemessenes Verhalten dazu, dass auch der Schüler mit
Problemen diese einstellt und das positive Modell nachahmt.

> Die Lehrerin der weiter oben beschriebenen Svenja ist positiv
> überrascht, dass die Strategie »stellvertretende Verstärkung«
> auch im Schwimmbad wirkt. Statt wie gewöhnlich Svenja
> anzutreiben, sich für das Baden umzuziehen, lobt sie betont
> die Nachbarin des Mädchens und gibt dieser für das Anziehen
> des Badeanzugs ein Stück Schokolade. Nach Angaben der
> Lehrerin zieht sich auch Svenja in »Null-Komma-Nichts« um
> und freut sich über Lob und den materiellen Verstärker.

Auch *kognitive Interventionen* können eine wichtige Hilfe sein.
So können bestimmte Verhaltenstendenzen wie unflexibles
Verhalten, Stressintoleranz oder einseitige, negative bzw. stö-
rende Gedanken und Gefühle systematisch angegangen werden.
Unter anderem können Betroffene durch kognitives Umstruk-
turieren, Script-Training, soziale Geschichten, soziale Autopsie
und Kontingenzmappen lernen anders zu denken (Baker, 2016;
Gray, 2002, 2004; Garcia-Winner, 2007 oder auch Workshops
des Autors).

5.2 Welche Strategien sind effektiv?

Applied Behavior Analysis (ABA – Angewandte Verhaltensanalyse) und AVT (Autismus spezifische Verhaltenstherapie) gelten seit vielen Jahren als zentrale wissenschaftlich anerkannte Methoden in der Therapie und Förderung für Personen mit Autismus (Lindgren & Doobay, 2011; Wong et al, 2011). Seit den sechziger Jahren werden zahlreiche verhaltensorientierte Methoden mit Erfolg eingesetzt, um Verhaltensprobleme abzubauen und Kommunikation, Spiel, Sozialverhalten, Selbständigkeit, Arbeits- und Freizeitverhalten aufzubauen. Auch Elternberichte betonen den positiven Effekt von ABA/AVT Methoden (Urbaniak, 2017; Danne, 2016).

Zu den wichtigsten *Eigenschaften von ABA/AVT* Programmen gehören die folgenden (BACB, 2014):

- Funktionale, sozial relevante Therapieziele,
- umfassende Erfassung des Verhaltens durch Daten zur Kontrolle der Intervention,
- Versuch, das soziale Umfeld und die Lernumgebung so zu beeinflussen, dass Problemverhalten reduziert wird und der Lernfortschritt optimal ist,
- Behandlung von Problemverhalten nach ihrer Funktion/Ursache,
- Vorrang von positiven Strategien vor negativen,
- direkter Einbezug und Unterstützung von Familienmitgliedern und beteiligten Professionellen.

Erst vor kurzem hat eine Arbeitsgruppe an der University of North Carolina die ABA/AVT-*Strategien* zusammengestellt, die einen wissenschaftlichen Nachweis für verschiedene Altersstufen von Betroffenen mit Autismus enthalten (Lindgren & Doobay, 2011).

Für den Abbau von Verhaltensproblemen gelten die folgenden Strategien als wissenschaftlich bestätigt:
* Funktionale Verhaltensanalyse
* Management von Auslösern
* Umleiten von Problemen
* Differenzielle Verstärkung
* Visuelle Hilfen
* Soziale Geschichten
* Training von Skripten und
* Videomodellierung

Am meisten geforscht wurde mit Kindern unter 15 Jahren, allerdings werden auch einige der Methoden bis zum Alter von 22 Jahren durch wissenschaftliche Befunde unterstützt. Hierzu gehören neben dem Diskreten Lernformat und der Funktionalen Verhaltensanalyse auch Antezendenz-basierte Interventionen oder die kognitive Verhaltenstherapie. Ein Überblick über die am häufigsten eingesetzten Therapien bei ASS findet sich auch auf der Seite der amerikanischen Organisation »Autism Speaks«: https://www.autismspeaks.org.

Verhaltens- und Lernziele sowie Therapiestrategien sollten dabei regelmäßig supervidiert und mit Eltern, beteiligten Fachkräften sowie weiteren Bezugs- und Kontaktpersonen abgesprochen werden. Sofern möglich, sollten auch Menschen mit ASS in Entscheidungen über die Interventionsziele einbezogen werden. Um sicherzustellen, dass die eingesetzten Strategien wirksam sind, ist es erforderlich Programme durch individuelle Datenverläufe zu kontrollieren.

In aktuellen ABA/AVT-Programmen werden spezielle Strategien an den Betroffenen mit ASS angepasst, so dass bei guten visuellen Fähigkeiten durch *visuelle Unterstützung* geholfen wird oder Personen mit Aufmerksamkeitsproblemen in kurzen Zeiteinheiten von wenigen Sekunden lernen können (*Präzisionslernen*, s. Bernard-Opitz, 2014-a). Auch *kognitive Verhaltensmodifikation* hat hier ihren Platz, insofern, als Betroffene mit irrationalen Kognitionen lernen, ihr Denken rational zu überprüfen oder angemessene Problemlösestrategien erwerben (Baker, 2017; Attwood, 2009). *Soziale Trainingsprogramme*, die darauf abzielen sich selbst zu kontrollieren oder Strategien zu entwickeln, um Freundschaften zu entwickeln, flexibler zu werden oder die Perspektive der anderen einzunehmen, gehören ebenfalls hierher (Bellini, 2016; Bernard-Opitz, 2014-a; Burron, Thierfeld Brown, Curtis & King, 2012). Ziel der Therapie ist in jedem Fall die Veränderung von sozial wichtigen Verhaltensweisen.

5.3 Proaktive und reaktive Strategien: Verhaltensprobleme verhindern und darauf reagieren

Prävention ist der erste Schritt zum Abbau von Verhaltensproblemen. Dieses ist auch als *Antezendenz-Intervention* oder auch *proaktive Strategie* bekannt, was eine zentrale Methode der Positiven Verhaltensunterstützung darstellt (Kern-Koegel, Koegel & Dunlap, 2001). *Reaktive Strategien* beziehen sich demgegenüber auf Strategien, die auf das Verhaltensproblem folgen. Sie werden auch als *Konsequenz-Interventionen* bezeichnet. Hier ein Beispiel für eine präventive Methode:

Die autistischen Geschwister Gavin und Tanja halten beim gemeinsamen Essen die Eltern durch einen Redeschwall, Streit, Unfug treiben (z B. Wurstscheiben auf die Augen legen) o. ä. in Atem. Die Eltern versuchen durch gängige Erziehungsmethoden, wie »gutes Zureden« oder Schimpfen, Herr über die Lage zu werden. Erst nachdem eine klare Essensregel aufgestellt wird (»Jeder darf 5 Minuten von seinem Tag erzählen.«) sowie »normal essen« verstärkt wird, entspannt sich die Situation.

Während die Eltern zunächst versucht hatten, durch Konsequenzen das Störverhalten abzubauen (mal durch gutes Zureden, mal durch Schimpfen), war tatsächlich das Verändern der Ausgangsbedingung hilfreicher. Offensichtlich hatten die Kinder das Bedürfnis beim Abendbrot über ihren Tag zu berichten, was aber in den Abendessenaktivitäten und Gesprächen der Eltern unterging. Nachdem die Regel aufgestellt wurde, dass sie zu Beginn des Essens eine festgesetzte »Redezeit« bekamen, verlief der Rest des Essens friedlich und ohne Streit oder »Clownereien«.

> **Beachte!**
> Bei einem präventiven Vorgehen wird durch Veränderung der Auslöser verhindert, dass es zum Verhaltensproblem kommt. Bei reaktivem Vorgehen werden Konsequenzen verändert.

Auch wenn reaktive Strategien oft als zweitrangig gelten, sind sie meist notwendig, um Verhaltensprobleme langfristig zu verändern. So ist ein proaktives Vorgehen meist nicht möglich, wenn man bereits in der Problemsituation steht und somit »das Kind schon in den Brunnen gefallen ist«. Allerdings sollte man auch hier einen Plan aufstellen, sodass sich vergleichbare Probleme zukünftig nicht wiederholen.

Seit den ersten Experimenten zur Verhaltensanalyse ist bekannt, dass diejenigen Behandlungsmethoden am wirksamsten sind, die eng an die Ursache und Funktion des Verhaltensproblems angelehnt sind (Carr & Durand, 1985). In den vergangenen 25 Jahren wurde dabei besonders betont, dass Verhaltensprobleme durch Änderung der auslösenden Bedingungen und Ersatz des Verhaltensproblems durch positive Alternativen vermindert werden können (Horner, 2000). Je nach den aufgezeigten Funktionen des Verhaltensproblems müssen angemessene Alternativen gefunden werden, die eine vergleichbare Funktion haben, wie das Verhaltensproblem selbst, also *funktional äquivalent* sind.

Im Folgenden wird auf die wichtigsten Zielbereiche eingegangen, die eine Alternative zum Problemverhalten darstellen. Hierbei wird das Training von funktional äquivalenten Äußerungen, angemessenes Spiel sowie Sozialverhalten betont.

Tabelle 3 zeigt einige allgemeine Beispiele für die Prävention und den Ersatz von Verhaltensproblemen durch positive Alternativen (▶ Tab. 3). Hierbei werden Strategien als »vorwiegend präventiv« bzw. »vorwiegend reaktiv« bezeichnet, da es Überlappungen zwischen beiden Methoden gibt. Aus Platzgründen können leider nicht alle Strategien ausführlicher beschrieben werden (für ausführlichere Informationen s. z. B, Bellini, 2016; Bernard-Opitz & Häussler, 2017; Boroson, 2011; Coucouvanis, 2015).

77

Tab. 3: Vorwiegend präventive und reaktive Strategien zur Veränderung von Problemverhalten

(Vorwiegend) Präventive Strategien zum Verhindern von Verhaltensproblemen		Beispiele
Setting Events: Verändern der indirekten Auslöser	Vorbereiten der Erzieher/Lehrer/Klassenkameraden auf Stärken/Interessen und Schwächen	• Steckbrief • Verhaltensplan • Regelkatalog
	Ablenkung und Stress durch Sitzordnung und Räumlichkeiten vermeiden	• Ablenkungsfrei an einem Einzeltisch oder neben einem hilfsbereiten Klassenkameraden sitzen • Rückzugsmöglichkeit bei Stress oder Wutausbruch durch Deeskalationsstrategien (z. B. Ruhezone) vermeiden
	Arbeitsmaterialien an Voraussetzungen und Interessen anpassen	• Aufgaben vereinfachen • Leichte und schwere Aufgaben mischen • Interessen in Aufgabenstellungen berücksichtigen
	Priming: auf die Problemsituation vorbereiten	• Besprechen, Rollenspiel oder Videomodellierung angemessener Verhaltensweisen *vor* Eintritt in schwierige Situationen
	Negative organische Bedingungen verändern	• Hunger/Durst, Schmerz • Hitze/Kälte • Befindlichkeit ändern

Tab. 3: Vorwiegend präventive und reaktive Strategien zur Veränderung von Problemverhalten – Fortsetzung

(Vorwiegend) Präventive Strategien zum Verhindern von Verhaltensproblemen		Beispiele
	Unruhiges Verhalten abfangen	• Bewegungspausen • Botengänge
	Entspannungsstrategien	• Fummlis (Sensorisches Material zur Beruhigung) • Bewusstes Atmen • Autogenes Training • Yoga (Bellini, 2016)
	Pairing	• Sich selbst zum Verstärker machen
	Erfolgsorientiertes Lernen	• Fehlerlose Lerndurchgänge • Effektive Hilfen • Funktionale Aufgaben
	Wahlmöglichkeiten geben	• Wahl zwischen dem Verhaltensproblem und einer positiven Alternative • Ablaufplan • Aufgabenplan
	Visuelle Pläne, um Situationen voraussehbar zu machen	• Verhaltensplan • Kontingenzplan
(Vorwiegend) Reaktive Strategien zum Reduzieren von Verhaltensproblemen		**Beispiele**
Verändern der Konsequenz	Positive und negative Verstärkung	• Premack-Prinzip • Differenzielle Verstärkung
	Bestrafung	• Entzug von Privilegien • Entzug von Aufmerksamkeit

Tab. 3: Vorwiegend präventive und reaktive Strategien zur Veränderung von Problemverhalten – Fortsetzung

(Vorwiegend) Reaktive Strategien zum Reduzieren von Verhaltensproblemen		Beispiele
		• Time-out von verstärkenden Aktivitäten
Verändern des Denkens	Kognitive Verhaltensstrategien	• Abbau von falscher Logik und Übergeneralisierung, • Verhindern von Katastrophendenken • »Soziale Autopsie« (Wilkens & Burmeister, 2015) • »Sozialer Detektiv« (Garcia-Winner, 2008)
	Problemlösen	• »Think aloud« Programm (Camp & Bash, 1981) • »Un-stuck Strategien« (Cannon et al, 2011) • Time-Management
	Selbstwirksamkeit	• Verstärken positiver Selbstbeurteilungen • Fotos und Filme zum Thema »Das kann ich schon!« (Bellini, 2016)
Verändern der Stressantwort	Gefühlstraining	• Gefühls-Check-In
	Selbstbeurteilung des Stressniveaus	• »5-Punkte-Skala« (Dunn Buron et al, 2012) • Videomodellierung (Nikopoulos, im Druck) • Gefühlsregulierung (Scarpa & Reyes, 2011, Atwood, 2004)

5.3.1 Prävention durch Verändern der indirekten Auslöser von Verhaltensproblemen

Um Kindern mit ASS eine Chance zu geben, sich in neuen Lernumgebungen angemessen zu verhalten, ist meist eine intensive Vorbereitung nötig. Bei Aufnahme in die Kita oder eine Klasse kann ein *Steckbrief* bzw. allgemeines Wissen über Autismus oder »besondere Kinder« für Erzieher, Lehrer und ggfs. auch Gleichaltrige sinnvoll sein. Ein Verhaltensplan mit Stärken, Schwächen und sinnvollen Interventionen auf etwaige herausfordernde Verhaltensweisen wird von Erziehern und Lehrern meist als hilfreich empfunden. Unter anderem sollten Sitzordnungen, Nachbarn, Platzierung und Aufgaben einer Schulbegleitung sowie Motivationssysteme im Team besprochen werden (s. auch Schirmer, im Druck; Boroson, 2011).

Sofern Verhaltensprobleme erwartet werden, ist es sinnvoll, mögliche auslösende Bedingungen zu beachten. Sogenannte *setting events* gehen dabei dem Verhalten nicht unmittelbar voraus, sondern können die allgemeine Basis für auffälliges Verhalten darstellen (Wahler & Fox, 1981). So kann man oft schon morgens sehen, ob jemand gut geschlafen hat und Anforderungen angemessen bewältigen wird oder ob diese gegebenenfalls reduziert werden sollten. Auch vorangegangener Stress, Hunger und Durst kann die Wahrscheinlichkeit erhöhen, dass bereits ein scheinbar geringfügiger Anlass große Probleme auslöst. In diesem Fall sollten zunächst entsprechende Gegenmaßnahmen ergriffen werden (Kern-Koegel et al, 2001). Das kann eine *Bewegungs-* oder aber *Ruhepause*, ein Griff in die *Fummli-Kiste* (▶ Abb. 6), ein Gespräch oder ein Snack sein.

81

Abb. 6: Fummli-Kiste mit Material zur Beruhigung (z. B wie Stressbälle oder Fidget Spinner)

Trennwände oder ein Sichtschutz auf dem Tisch können helfen, dass sich die Ablenkbarkeit in Grenzen hält. Kopfhörer oder ein *Ruhebereich* kann für diejenigen Kinder hilfreich sein, die leicht durch Stress oder die Lautstärke der Klasse überfordert sind. Ein *Poster mit Verhaltensregeln oder Pflichten* kann auch den nicht-beeinträchtigten Kindern helfen, zu wissen, welche Erwartungen in der Klasse existieren. Verhaltenserwartungen können dabei bildlich oder schriftlich verdeutlicht werden. Auch ein »Erste-Hilfe-Koffer« mit Highlightern, Abklebeband (für Vereinfachung von Arbeitsblättern) oder Timer kann hilfreich sein (Tuckermann, Häussler & Lausmann, 2012). In jedem Fall bestimmen die Ergebnisse der ABA-Analyse und das Verständnis der zugrundliegenden Merkmale die Therapieziele.

Während es nicht immer ganz leicht ist, alle *setting events* (wie z. B. Schlaf oder einen »falschen« Busfahrer) zu beeinflussen, sind bestimmte Auslöser für Verhaltensprobleme meist leicht zu verändern. So kann die Ablenkung im Klassenzimmer – durch die bewegenden Zweige draußen oder einen störenden Nachbarn – selbstverständlich sehr schnell durch Ändern des Sitzplatzes verhindert werden. Auch können »passende« Klassenkameraden als Tischnachbarn des Schülers mit ASS hilfreich sein. Die Möglichkeit, dass der Schüler mit ASS sich zurückzuziehen kann, stellt ebenfalls eine angemessene mögliche Präventionsmaßnahme sein.

Strukturierte Umgebungen haben
* angemessene Sitzordnungen mit Einzel-, Gruppen- und Ruhebereichen,
* klare Tages- und Ablaufpläne mit Hinweismöglichkeit auf Änderungen,
* deutlich sichtbare Regelkataloge,
* einfach Organisationssysteme.

Visuelle Pläne können helfen, durch Vorhersehbarkeit Unsicherheit zu reduzieren und Selbständigkeit zu entwickeln. Hierbei bilden Tagespläne und Ablaufpläne zentrale Bestandteile. Für Betroffene mit einem hohen Unterstützungsbedarf kann bereits morgens ein farbiger Kleiderhaken mit dem eigenen Foto helfen, Unsicherheit beim Aufhängen der Jacke abzufangen. Wenn *Ordnungssysteme* für die Schuhe, die Tasche oder die anliegenden Aufgaben ebenfalls eine bestimmte Farbe haben, wird Sicherheit geschaffen. Farbkodierte Mappen, Ordnungsständer oder Schubladen können andeuten, wie viel Arbeit zu tun ist, was mit der erledigten Arbeit passiert und was danach passiert.

Vergleichbar wichtig ist es auch, dass eine *Anpassung der Arbeitsmaterialien* an das Niveau der Schüler stattfindet, so dass nicht allein über- bzw. unterfordernde oder wenig funktionale Aufgaben zu Frustration und Unmutsäußerungen führen. Vereinfachte Aufgaben, eine Mischung aus leichten und schweren Aufgaben sowie die Berücksichtigung etwaiger Interessengebieten bei der Themenwahl der Aufgaben erhöhen die Motivation und tragen so zu vermindertem Konfliktpotential bei.

Da nicht immer motivierende Aufgaben entwickelt werden können, sind *externe Verstärker* durch *Token-Systeme* oft hilfreich. Während jüngere Kinder i. d. R. durch Sternchen, Smiley oder Pokemon-Tokens motiviert werden, können Geldtokens oder reales Geld, Puzzle oder (zerschnittene) Coupons für Ausflüge oder Kinokarten ein Anreiz für ältere Schüler sein.

Rollenspiel, Videomodellierung, ein *Handlungsplan* oder ein *Schlüsselanhänger mit Verhaltensregeln* können ebenfalls dazu genutzt werden, im Vorfeld einer Teilnahme an einem Schulausflug, einer Einkaufstour, einer Geburtstagsfeier oder einer Kinovorstellung, Erwartungen zu klären und Vereinbarung zu treffen (ausführlicher zu visuellen Hilfen, Bernard-Opitz & Häussler, 2017; Bernard-Opitz, 2014-b).

Jens übt zunächst zuhause im Rollenspiel mit seiner Co-Therapeutin, wie er sich beim Bäcker verhalten wird. Regeln, wie z. B. »ich warte, bis ich an der Reihe bin«, »ich kaufe eine Brezel«, »ich bezahle mit Geld«, »ich warte auf das Rückgeld«, werden aufgeschrieben und vor Betreten des Ladens solange geübt, bis Jens sie beherrscht. Es wird auch vereinbart, dass er den Laden verlassen muss, wenn er hinter die Theke läuft und sich die Brezeln selbst nimmt.

Soweit möglich sollten *organische Auslösebedingungen* wie Hunger, Durst, Toilettenbedürfnisse, Schmerz, Kälte oder Hitze abgefangen werden. Bei Unruhe können Schwerewesten, aber auch Bewegungspausen Abhilfe schaffen. Auch Botengänge, wie z. B. etwas zur Schulsekretärin, dem Hausmeister oder dem Direktor bringen, können Kindern helfen, »aus dem Felde zu gehen«

Abb. 7: Gefühls-Check-In

In vielen Fällen kann ein tägliches *Gefühls-Check-in* auf einer bebilderten Skala Probleme abfangen (▶ Abb. 7). Da meist bekannt ist, welche Situationen Problemverhalten auslösen, kann auch ein Beurteilungssystem (▶ Abb. 8), eine Möglichkeit darstellen, schwierige Situationen anzusprechen, bevor sie zu Problemen werden.

Bei Kindern und Jugendlichen mit weniger Einschränkungen kann auch auf die positiven und negativen Konsequenzen von Entscheidungen hingewiesen werden. *Wahlmöglichkeiten können z. B. durch Bilder und Sketche* veranschaulicht werden. *Entscheidungs- oder sog. »Kontingenzmappen«* (▶ Abb. 9) können die positiven und negativen Folgen von Handlungen visuell verdeutlichen und hierdurch zur Durchsichtigkeit von Situationen beitragen (ausführlicher Bernard-Opitz, 2014-b, Mirenda, 2008).

85

	 Super! Das macht mich glücklich.	 Schade! Naja, kann man nichts machen.	 Das macht mich traurig.	 Grrr! Das macht mich wütend.
Ich darf meinen Lieblingsfilm gucken.				
Mein Freund ignoriert mich.				
Ich verstehe die Matheaufgabe nicht.				
Es regnet draußen und wir sollen drinnen spielen.				
Meine Mutter sagt: „Komm sofort!"				
Ich bin der Führer und alle Kinder spielen mein Spiel.				

Abb. 8: Selbstbewertung der eigenen Gefühle

Abb. 9: Beispiel einer Kontingenzmappe

86

> Maya weint und hält sich die Ohren zu, wenn laute Musik
> ertönt. Wenn sie dagegen Kopfhörer mit ihrem Beruhigungs-
> lied aufsetzt, kann auch sie an Schulfesten teilnehmen.

Im obigen Beispiel kann man bereits *vor* dem auslösenden
Ereignis darauf hinweisen, dass mit einem hohen Lärmpegel zu
rechnen ist. Eine Kontingenzmappe kann helfen, dass Maya
selbst entscheidet, ob sie lieber dem Schulfest fernbleiben,
weinen oder sich durch Kopfhörer schützen möchte.

Auch ein Schulbegleiter, Lehrer oder Therapeut, der mehr
tadelt als lobt, kann ein Auslöser für Fehlverhalten sein. Daher
wird in ABA/AVT Programmen mit dem Begriff *pairing* betont,
dass vor Beginn einer Intervention sichergestellt werden sollte,
dass Eltern, Therapeuten oder Lehrer sich vor jeglichen Anforderungen selbst zum bestmöglichen Verstärker machen sollten.
In diesem Zusammenhang beobachtet man zunächst die spon-
tanen Aktivitäten und Interessen des Kindes und versucht, Teil
dieser Aktivitäten zu werden. Durch aktives Zuhören, Nachfragen und eine akzeptierende Grundhaltung kann man Interesse
am Gegenüber signalisieren. Das kann auch bei älteren Kindern
und Jugendlichen helfen, dass das Problemverhalten weniger
stark auftritt oder sogar eingeschränkt wird.

5.3.2 Verändern der direkten Auslöser von Verhaltensproblemen und Kontingenzmanagement

Vorwiegend *reaktive Strategien* beziehen sich auf Versuche,
durch veränderte Konsequenzen das Verhalten zu beeinflussen.
Betroffene lernen, dass positives Verhaltens zu erwünschten
Konsequenzen führt und Verhaltensprobleme unerwünschte
Konsequenzen mit sich bringen.

Eine bekannte Strategie ist es, Betroffene auf Konsequenzen von positiven Verhaltensweisen hinzuweisen. Das *Premack-Prinzip* (vereinfacht auch *Großmutter-Regel* genannt) besagt, dass ein Verhalten, das wahrscheinlicher ist, ein Verhalten begünstigt, das weniger wahrscheinlich ist. Wenn man also einem Kind einen beliebten Nachtisch in Aussicht stellt, ist es eher wahrscheinlich, dass es dann bereit ist den weniger beliebten Spinat zu essen. Beziehungen können dabei über Karten verdeutlicht werden.

Zu den etablierten Kontingenzstrategien gehört auch die differenzielle Verstärkung von alternativem (DRA), inkompatiblem (DRI) oder anderem Verhalten (DRO) (▶ Tab. 5). In einigen wenigen Fällen können neben verstärkenden Konsequenzen auch bestrafende Maßnahmen notwendig sein. Dies könnte beispielsweise ein korrektives »Nein« sein, der Verlust von Token oder Privilegien, Minikonsequenzen wie das Ausschalten des Tablets/iPads, das Zuschlagen des Buchs oder verschiedene Formen der Nicht-Beachtung (Danne, 2016). Hierbei gilt die ethische Regel der BCBAs, dass zunächst positive Maßnahmen systematisch eingesetzt werden sollten, bevor möglicherweise der Gebrauch von negativen Strategien notwendig wird (BACB, 2016).

> **Beachte!**
> In jedem Fall müssen Methoden eingesetzt werden, die so effektiv wie möglich und so wenig einschränkend wie nötig sind.

Obwohl bestrafende Methoden nicht unumstritten sind, kann auch das Nichtstun angesichts schwerer Verhaltensprobleme wie Selbstverletzung, Aggression oder Destruktion ethisch bedenklich sein. Verlust von Aufmerksamkeit durch Abwenden oder räumliche Trennung (z. B. durch Aufenthalt in einem Ruheraum oder das Sitzen auf einem »Denkstuhl«) sind Beispiele einer *Time-out Konsequenz* (▶ Abb. 10).

Die Methode des Time-outs sollte auf kurze Zeiteinheiten begrenzt sein und durch die kontinuierliche Erhebung von Daten in seiner Wirksamkeit kontrolliert werden. In jedem Fall muss versucht werden, auch schwere Verhaltensprobleme zunächst in ihrer Funktion zu verstehen und anschließend funktional äquivalente positive Alternativen aufzubauen.

Das Denken und das Stressniveau des Individuums mit ASS können ebenfalls positiv beeinflusst werden. Programme zum Problemlösen oder Strategien, mit denen man Festfahren verhindert (sog. »*Unstuck-Strategien*«) sind hier anzusiedeln. So können Betroffene mit ASS ihre Umwelt mit andauernden Wiederholungen von Sätzen, Phrasen oder Themen stark irritieren.

Als hilfreiche »*Unstuck-Strategien*« haben sich die folgenden bewährt:

- Aufmalen oder Aufschreiben wiederkehrender Äußerungen. Als Hinweis, dass sich das Thema erledigt hat, können sie entweder zerrissen werden oder an einer festen Stelle abgelegt werden.
- Zeitliche Beschränkung von langwierigen Monologen auf eine bestimmte Zeit und Zeitdauer.
- Nachfrage: »Ist das was Wichtiges oder Unwichtiges? Wäre ein Gummibärchen/das Tablet etwas Wichtigeres?«
- Hinweis darauf, dass man nur noch einer einzigen Äußerung zuhört und dann erst etwas Wichtiges tun muss, bevor man wieder zuhört (s. auch Carrol & Izraelevitz, 2015).

Abb. 10: »Denkstuhl« mit Bild- und Wortbeispielen zur Reflektion über die Problemsituation und zukünftige positive alternative Verhaltensweisen.

> Dennis lernt schnell, dass von seiner Mutter keine Antwort mehr auf seine »Endlos-Monologe« kommt. Stattdessen schreibt er sie nun auf einen Zettel, »parkt« sie in einem sog. »Meckerbus« (Kasten mit dem Bild eines Busses), bis sie dann zu einer bestimmten Zeit besprochen werden.

Auf einer *Makroebene* werden zusätzlich die dem Autismus zugrundliegenden Schwierigkeiten in Angriff genommen. Die aufgeführten Ebenen des Unterstützungsbedarfs dienen dabei nur als Anhaltspunkte (▸ Tab. 4).

Tab. 4: Beispiele für die Prävention von Verhaltensproblemen auf Mikro- und Makroeben

Verhaltenspro-blem	Mikro-Ebene: Prävention durch Vereinbaren eines positiven Alternativver-haltens	Makro-Ebene: Prävention durch Verän-dern der zugrundeliegenden Au-tismus-Merkmale
Beispiele für Betroffene mit hohem Unterstützungsbedarf		
Weint beim Übergang von der Kindergarten-klasse zum Spiel-platz.	Übergangsobjekt mitgeben, z. B. Sandeimer, der von der Klasse in die Sandkiste ge-bracht werden muss.	Visueller Ablaufplan: Ab-bildungen, die anzeigen, was zuerst und danach passiert.
Beißt oder kneift Kinder zur Begrüßung.	Vorher *Gib-mir-fünf, Hallo-*winken oder »Hand geben« üben.	Taktile Wahrnehmung überprüfen: Unterschied beißen − küssen, kneifen − streicheln

Tab. 4: Beispiele für die Prävention von Verhaltensproblemen auf Mikro- und Makroeben – Fortsetzung

Verhaltenspro-blem	Mikro-Ebene: Prävention durch Vereinbaren eines positiven Alternativverhaltens	Makro-Ebene: Prävention durch Verändern der zugrundeliegenden Autismus-Merkmale
Läuft im Supermarkt von der Mutter weg.	Foto mit der Regel: *Du schiebst den Einkaufswagen und bleibst an meiner Seite bleiben.*	Kontingenzen verstehen: Cartoons, die darstellen, was passiert, wenn man sich gut verhält versus wenn man wegläuft.

Beispiele für Betroffene mit mittlerem Unterstützungsbedarf

Kommt wiederholt zu spät zur Schule.	Besprechen, wieviel Zeit für die Morgenroutine gebraucht wird und Angebot machen.	Zeitliche Organisation lernen: Selbstkontrolle und Ansprechen des Selbstbilds (z. B. *Willst du wie ein Erstklässler geweckt werden oder kannst du allein aufstehen wie Batman (o. ä.))?*
Zerreißt schwere Matheaufgabe	Wahl zwischen schweren und leichten Aufgaben ermöglichen *(z. B. schwere Aufgaben bekommen die doppelte Punktzahl).*	Gefühlsausdruck trainieren mit Betonung des Umgangs mit Ärger.
Besteht auf einer exakt festgelegten Sitzordnung im Restaurant.	Im Voraus vereinbaren, wer jeweils der *Regel-Boss* ist.	Flexibilität in Schule und Alltag trainieren, Modellvorgabe und Rollenspiel

Tab. 4: Beispiele für die Prävention von Verhaltensproblemen auf Mikro- und Makroebene – Fortsetzung

Verhaltenspro-blem	Mikro-Ebene: Prävention durch Vereinbaren eines positiven Alternativver-haltens	Makro-Ebene: Prävention durch Verän-dern der zugrundeliegenden Au-tismus-Merkmale
Beispiele für Betroffene mit geringem Unterstützungsbedarf		
Benutzt bei Ärger Schimpfwörter wie *Voll-Idiot*.	»Wenn du dich ärgerst, denke an deine ›grünen Worte‹ (z. B. *Das macht mich wütend!)«*	Selbstbeurteilung durch 5-Punkte-Skala, Stressreduk-tionstraining
Radiert so lange, bis die Seite ein Loch hat, wenn er Fehler macht.	Regel: *Nur die Schulbeglei-tung darf radieren.*	Problemlösetraining, Angsthierarchie erstellen und Alternativen zu irra-tionalen Kognitionen erar-beiten.
Verweigert Anweisungen und bringt Argumente für seine Sicht der Dinge vor.	Befolgen von Anweisungen verstärken und Argumente aufschreiben lassen. Zeitli-che Begrenzung von Argu-mentation ankündigen.	Anhand von Beispielen den Unterschied zwischen Ar-gumentieren, Diskutieren und Kompromisse schlie-ßen erarbeiten.

Hilfreich sind oft individuelle *Beobachtungslisten,* die bereits *präventive Strategien* mit eingebaut haben.

93

6 Beispiele für die Behandlung von Verhaltensproblemen entsprechend ihrer Funktion oder Ursachen

Im Folgenden werden einige Praxisbeispiele zusammengefasst, um zu verdeutlichen, wie Funktionen und Ursachen von Verhaltensproblemen zu Interventionsstrategien führen können. Aus Platzgründen werden nur einige der wichtigsten Strategien aufgezeigt, die keineswegs dem Anspruch auf Vollständigkeit genügen sollen (vgl. hierzu weiterführende Literatur).

6.1 Welche Strategien gibt es bei aufmerksamkeits- und wunschbedingten Problemen?

6.1.1 Strategien bei aufmerksamkeitsbedingten Problemen

Oft versuchen Kinder und Jugendliche mit ASS durch Wutausbrüche, aggressives, destruktives Verhalten oder Clownereien auf sich aufmerksam zu machen. Auch ausdauerndes Monologisieren oder Argumentieren kann die Funktion haben, jemanden für sich einzunehmen. In extremen Fällen kann auch selbstverletzendes Verhalten ein Versuch sein, auf sich hinzuweisen. Je extremer das Verhaltensproblem ist, desto wahrscheinlicher ist es, dass es beachtet und dadurch verstärkt wird.

Catch them being good (»Auf guter Tat ertappen«)

Sofern der Verdacht besteht, dass es sich bei dem Verhaltensproblem um aufmerksamkeitsbedingtes Verhalten handeln könnte, ist es sinnvoll, das Verhaltensproblem zunächst vorsichtshalber zu ignorieren, auf neutrale Stimuli umzuleiten und jegliches positive Alternativverhalten zu verstärken.

Daniel beschämt seine Mutter immer wieder vor anderen Leuten durch die Verwendung des Schimpfworts »Arsch« und zeigt sich wenig beeindruckt, wenn sie ihn liebevoll ermahnt, dass man das doch nicht sage. Als sie – nach entsprechender Absprache – jedoch beginnt, das Schimpfwort zu ignorieren und ihn vor anderen lobt (z. B. für seine Sammlung von

Pokemon-Karten, für warten oder helfen beim Tragen etc.), benutzt Daniel das Schimpfwort zunehmend seltener bis er den Gebrauch sogar völlig einstellt.

Der in den USA gängige Autoaufkleber »*Catch them being good*« (»Erwische sie, wenn sie sich korrekt/gut verhalten«), ist daher ein hilfreicher Hinweis auf eine sinnvolle erste präventive Strategie. Hierbei sollte – nach Möglichkeit – das aufmerksamkeitsbedingte Verhaltensproblem ignoriert und stattdessen Aufmerksamkeit für alternative Verhaltensweisen gegeben werden. Eine regelmäßige Dosis positiver Aufmerksamkeit kann bereits ausreichen, dass Verhaltensproblemen gar nicht erst auftreten. So kann es sinnvoll sein, selbst neutrale Verhaltensweisen, z. B. sitzen, still sein oder die Hände auf dem Tisch oder in den Hosentaschen haben, zu verstärken. Je nach Ausmaß des Unterstützungsbedarfs kann ein *Lob, Token* oder *materieller Verstärker* alle 10 Sekunden, alle 10 Minuten oder ein Eintrag am Ende des Tages notwendig sein. Hierbei stellt ein *Timer* eine bessere Erinnerungshilfe dar, als nur an einen Verstärker zu denken, wenn das Problemverhalten erneut auftritt. Auch *nichtkontingente Verstärkung* z. B. Aussagen, wie »schön, dass Du da bist« kann die Motivation und das Selbstwertgefühl des Kindes erhöhen.

Differenzielle Verstärkung

Die oben angedeutete differenzielle Verstärkung (▶ Tab. 5) ist eine sehr wirksame Methode, um Verhaltensprobleme zu reduzieren und positive Alternativen zu entwickeln (Cooper, Heron & Heward, 2007). Hierbei haben sich die folgenden Strategien bewährt: *Differenzielle Verstärkung von alternativem (DRA), inkompatiblem Verhalten (DRI) oder anderem Verhalten (DRO).*

> **Beachte!**
> Ignorieren des Verhaltensproblems und die Verstärkung von Alternativverhalten durch DRA und DRI sind meist erste sinnvolle Schritte bei aufmerksamkeitsbedingten Verhaltensproblemen.

Tab. 5: Verschiedene Arten differentieller Verstärkung

Art der Verstärkung	Ziel	Definition	Beispiel
Differentielle Verstärkung von alternativem Verhalten (DRA)	Positives Alternativverhalten häufiger machen	Angemessenes und funktional äquivalentes Verhalten wird verstärkt	Statt vom Tisch wegzulaufen, wird Tom dafür verstärkt, eine Pausenkarte zu geben.
Differentielle Verstärkung von inkompatiblem Verhalten (DRI)	Positives Alternativverhalten häufiger machen	Alternatives Verhalten, das nicht vereinbar ist mit dem Problem, wird verstärkt	Ally wird verstärkt, wenn sie ihre Hände in den Taschen hat oder sie sinnvoll benutzt (etwas trägt, arbeitet), statt sich mit den Händen den Kopf zu schlagen.
Differenzielle Verstärkung von anderem Verhalten (DRO)	Verhaltens-problem auf null verringern	Die zunehmende Dauer des Nichtauftretens des Verhaltens wird verstärkt	Carsten bekommt pro 10 Minuten Nichtunterbrechen des Lehrers eine Minute extra Pause am Ende des Tages. Die Zeit wird systematisch erhöht bis er eine komplette Schulstunde lang nicht unterbricht.

Videomodellierung

Auch *Videomodellierung* kann eine wichtige Strategie darstellen, um auf angemessene Weise Aufmerksamkeit zu bekommen (Charlop-Christy & Daneshvar, 2003; Nikopoulos, im Druck). So können Übungen zum Erkennen von Gefühlen, zu Freundschaften und dem Einnehmen der Perspektive des anderen oder auch der kommunikativen Kompetenz durch Skripttraining, Rollenspiele und Videomodellierung hilfreich sein (Bernard-Opitz, 2014-b). Hier ein Beispiel für den Einsatz von Videomodellierung:

> Wenn Markus von der Schule nach Hause kommt, springt er zunächst regelmäßig auf das Dach des elterlichen Autos, schlägt dann sehr kräftig mit beiden Händen an das Küchenfenster und klingelte anschließend Sturm.
> Den Eltern wird vorgeschlagen, dass sein Bruder gefilmt wird wie er nach Hause kommt, aber ruhig zur Haustür geht, einmal klingelt und von der Mutter mit einer freundlichen Begrüßung und einer Süßigkeit willkommen geheißen wird. Nachdem das Video einige Male mit Markus angesehen und besprochen worden ist, zeigt er nur wenige Tage später das gleiche angemessene Verhalten und bekommt dafür ebenfalls ein Lob und eine Süßigkeit. Beides kann im weiteren Verlauf erfolgreich ausgeblendet werden.

Soziale Autopsie und Skript-Training

Oft dienen Verhaltensexzesse, wie Clownereien, Wiederholungen von Phrasen oder Fragen sowie anderes auffälliges Sozialverhalten ebenfalls dem Wunsch nach Aufmerksamkeit. Wieder sollten auf der *Mikro-Ebene* die Auslöser (**A**ntezendents) der obigen

Verhaltensprobleme (**B**ehavior) sowie die Konsequenzen (**C**onseqences) beobachtet werden und auf dieser Ebene zunächst durch alternative Kommunikation angegangen werden. Auf einer *Makro-Ebene* kann dahinter der Wunsch stehen, Teil der Gruppe zu sein, Freunde zu haben oder im Mittelpunkt stehen zu wollen, was ein umfangreiches Training in kommunikativer und sozialer Kompetenz einschließt (z. B. Baker, 2004; McGinnis, 2005).

Tina möchte sich in der Pause ihren Klassenkameradinnen anschließen, merkt aber nicht, dass ihr Interesse an wissenschaftlichen Themen die anderen Jugendlichen nervt. Nachdem die Lehrerin notiert hat, worüber die anderen Mädchen sprechen, mit Tina vergleichbare Situationen mittels einer sozialen Autopsie durchgesprochen und Tina mit ihrer Mutter geübt hat, wie man sich einem Thema anschließt, beteiligt sie sich erfolgreich an den Pausengesprächen (Wilkens & Burmester, 2015).

Das Durchdenken von Konfliktsituationen nach dem folgenden Schema kann hilfreich sein, Abstand zu gewinnen und konkrete Pläne für zukünftige Situationen zu machen (nach Wilkens & Burmeister, 2015):

- Beschreibe die Situation und beobachte das Verhalten der anderen
- Plane, was Du tun und sagen willst, um in die Situation zu passen
- Probiere es aus
- Überlege, ob es geklappt hat, was Du gelernt hast und was Du das nächste Mal besser machen willst?

6.1.2 Strategien bei wunschbedingten Problemen

Wir wissen mittlerweile seit etwa 40 Jahren, dass viele Verhaltensprobleme von Kindern mit ASS eine *kommunikative Funktion* haben. So haben bereits Schreibman und Carr in den 1970er Jahren festgestellt, dass einige Kinder Echolalie bewusst einsetzen, wenn sie etwas nicht verstehen. Als sie den Kindern als Ersatzverhalten beibrachten, »Ich weiß nicht« zu sagen, verschwand die Echolalie (Schreibman & Carr, 1978). Vergleichbar zeigte sich auch, dass ein Kind, welches bei einer schweren Aufgabe aggressiv reagierte, durch das Lernen der verbalen Bitte »Hilf mir« seine Aggression einstellte (Carr & Durand, 1985). Generell kann das Erlernen von Skripten als Alternative zu aufmerksamkeits- oder vermeidungsbedingten Problemen hilfreich sein. Äußerungen wie »Darf ich auch mal?« (statt ein anderes Kind von der Schaukel zu schubsen) oder »Ich weiß es nicht« (bei überfordernden Aufgaben), können einen positiven Ersatz für einen problematischen Ausdruck von Frustration darstellen.

Beispiele für Betroffene mit hohem Unterstützungsbedarf
Das Training von Wunschausdruck (*manding*) ist besonders sinnvoll, wenn der Wunsch nach Gegenständen, Situationen oder Personen bislang durch unangemessenes Verhalten ausgedrückt wird. Eine angemessene alternative Kommunikation kann dabei – wie im obigen Kapitel – durch Worte, Gesten, Handzeichen, Bild- oder Wortkarten angebahnt werden. Hier ein Beispiel:

Immer wenn die Einzeltherapeutin sich von dem nichtverbalen Jan abwendet, schlägt sich der Junge mit der Faust ins Gesicht. Dies führt zu häufigen Schwellungen und Nasen-

101

bluten, weshalb sich die Therapeutin so schnell es geht wieder ihm zuwendet.

Als alternatives Verhalten wird Jan nun die Geste »komm her« demonstriert und nach nur wenigen Wiederholungen kommuniziert der Junge mithilfe dieser Geste, statt durch das Schlagen. Um die Abhängigkeit von der Therapeutin zu verändern, sind jedoch noch weitere Interventionen notwendig.

Das, was der Betroffene durch sein Verhaltensproblem mitteilen will, sollte auch durch positive Kommunikationsalternativen geübt werden. Die folgenden Begriffe für junge Kinder oder Kinder mit hohem Unterstützungsbedarf sind dabei oft sinnvoll:

- Komm her, Arme/hoch (für Umarmung oder auf den Arm nehmen)
- Hilf mir/Hilfe
- Pause/ich möchte eine Pause; fertig/ich bin fertig
- Kitzeln/bitte kitzeln
- Raus/-gehen; spielen/Fahrradfahren

Kommunikative Äquivalenz

Obiger Wunsch nach Kontakt oder auch nach beliebten Gegenständen wie dem Tablet, Nahrungsmitteln oder Getränken, kann ebenfalls hinter den Verhaltensproblemen stecken. Diese speziellen Wünsche sollten sowohl in der Konfliktsituation als auch in getrennten Trainingseinheiten geübt werden. Bei Verhaltensproblemen, die dem Wunschausdruck dienen, sollte alternative funktionale Kommunikation Vorrang vor anderen Zielen haben.

Beispiele für Betroffene mit weniger Unterstützungsbedarf

Für Kinder und Jugendliche mit weniger Unterstützungsbedarf kann hinter einem auffälligen Verhalten der Wunsch nach Zugehörigkeit zu einer Gruppe, nach Kontakt zu einer bestimmten Person oder sogar dem nach einer Partnerschaft stehen. Dieses ist jedoch meist nicht einfach, da Betroffene mit ASS im Allgemeinen stärker auf Gegenstände und Fakten ausgerichtet sind, als auf soziale Stimuli (Attwood, 2004).

Trainingsprogramme sind hier umfassender und sollten zunächst das Verständnis von Gefühlen und ihren Auslösern beinhalten. Neben dem Erkennen und Benennen von einfachen Gefühlen in Bildern und Filmen haben sich Programme zur Sensibilisierung gegenüber dem Gesichtsausdruck des Gegenübers als hilfreich erwiesen. Das Konzept des *Sozialen Detektivs* ist für ältere Kinder oft attraktiv, muss jedoch auch außerhalb der Therapie immer wieder thematisiert werden (Garcia-Winner, 2007).

Gezielte Trainingsprogramme zum Entwickeln bestimmter kommunikativer Skripte (»*Was sagt man wie, wem, in welcher Situation?*«) finden sich u. a. bei Bernard-Opitz (2014-b); Baker (2004) und Taubman; Leaf & McEachin (2011) (▶ Abb. 11).

Abb. 11: Material zum Üben von Skripten

6.1.3 Strategien, um die Perspektive des anderen einzunehmen

Da Konflikte entstehen können, wenn das Wissen, das Denken und die Meinung des Gegenübers nicht berücksichtigt werden, sollten gezielte Trainingsprogramme zum Eindenken in die Perspektive des Interaktionspartners Teil von Therapieprogrammen sein. So kann ein Programm wie »*Ich mag*« (Brokkoli/Kaffee/Mathe/Tennis) vs. »*Du magst*« (Chips/Cola/Musik/Schwimmen) bereits jüngeren Kindern zeigen, dass jede Person andere Präferenzen und Sichtweisen hat. Auch Spiele, bei denen die Perspektive des Gegenübers berücksichtigt werden muss, sind hier sinnvoll. Das können traditionelle Kinderspiele sein, wie »*Die Reise nach Jerusalem*«, »*Ringlein, Ringlein, Du musst wandern*« oder auch »*Ich sehe etwas was Du nicht siehst*«. Auch beim Spiel mit Puppen, Tieren oder dem Rollenspiel können Kinder lernen, dass nicht nur sie hungrig, wütend oder verletzt sind, sondern dass dies auch für andere (fiktive) Lebewesen zutrifft. Als hilfreich haben sich auch *visuelle Programme* wie *Gedankenblasen, Theory of Mind-Programme* (Howlin, & Baron-Cohen, 1998), *Videomodellierung* und *Cartoons* gezeigt (Charlop-Christy & Daneshvar, 2003). Abwandlungen des traditionellen Smartie-Tests verdeutlichen darüber hinaus, dass unterschiedliche Erfahrung zu verschiedenen Einschätzungen führen. Auch das kurze *Einfrieren von emotional geladenen Filmen* mit nachfolgenden Diskussionen darüber, was die Darsteller fühlen, denken und was als nächstes passiert, haben sich als hilfreich erwiesen (s. auch Matzies, 2010).

Perspektive des anderen einnehmen

 Auf einem höheren Niveau stehen Übungen zur Verfügung, bei denen die Betreffenden lernen, ihre Meinung mit der ihrer Mitschüler zu vergleichen. Hierbei kann jeder Schüler zu drei ausgewählten Begriffen seine Einstellung aufschreiben, bevor er sich die Meinung seiner Klassenkameraden ansieht. Zum Schluss hat er die Möglichkeit, seine eigene Meinung zu revidieren.

Verbale Kinder und Jugendliche äußern Wünsche oft wiederholt und fallen oftmals durch Betteln/Jammern und Argumentieren. Auch hier sollte aus einem Problemverhalten ein positives Trainingsziel werden. So wie ein junges Kind nur eine begrenzte Anzahl an Pausen- oder Toilettenbildern pro Unterrichtsstunde bekommt, können auch ältere Kinder lernen, die Wiederholung von Wünschen auf eine bestimmte Zahl einzuschränken. Oft kann das Aufschreiben der Wünsche hilfreich sein oder auch das Vereinbaren einer zeitlich begrenzten Redezeit. Gezielte Übungen zum Unterscheiden von argumentieren, verhandeln und Kompromisse schließen, können sinnvoll sein (Taubmann, Leaf & McEachin, 2011).

6.1.4 Strategien, um Warten zu lernen

Beispiele für Betroffene mit hohem Unterstützungsbedarf

Oft kommt es zu Verhaltensproblemen, weil Kinder mit Autismus nicht warten können. Zum Teil fällt es ihnen schwer, einzuschätzen, wann ein gewünschtes Ereignis eintritt, sei es das Warten auf die Pause, auf den Schwimmunterricht, den iPad oder das Bezahlen und Genießen der Brezel beim Bäcker. Um Kindern zu verdeutlichen, wann ein erwartetes Ereignis eintritt, ist es sinnvoll, Warten gezielt zu trainieren und durch visuelle Hilfen den Ablauf von Ereignissen oder Zeitdauern zu verdeutlichen

Timer können beispielsweise helfen, Konflikte zu verringern, da sie den Ablauf der Zeit objektiv und sichtbar machen und somit nicht eine Person dafür angreifbar wird, dass sie einen Wunsch nicht erfüllt. Reguläre oder visuelle Timer (z. B. als Apps), Sanduhren oder bewegliche Miniaturobjekte, die sich dem Warteziel nähern, haben sich in der Praxis bewährt.

Bebilderte oder schriftliche Ablaufpläne können helfen, das Kommende besser einzuordnen oder sich auf Änderungen im Tagesplan einzustellen. Selbst im Kalender zu sehen, wann die nächste Mahlzeit, Pause oder Ferien beginnen oder wann der Vater von seiner Dienstreise zurückkehrt, kann beruhigend wirken.

Auch durch ein *Münzverstärkungssystem* wird visuell deutlich, wie viele Smileys, Sternchen oder Geldstücke noch erarbeitet werden müssen, bis eine Spielpause, ein Gummibärchen oder das Tablet folgt.

Beispiele für Betroffene mit niedrigem Unterstützungsbedarf
Wartezeiten strukturieren und voraussagbar machen

Auch Kinder und Jugendliche mit geringem Unterstützungsbedarf müssen oft lernen, auf den Lehrer, die Toilette oder die Kassiererin zu warten. Es hat sich als sinnvoll gezeigt, spezielle »*Warteplätze*« festzulegen, auf denen Schüler warten können. Klebezettel oder eine »Wartetafel« können helfen, die Wartezeit zu verkürzen. Hierauf können Schüler Fragen notieren (z. B. »Wann ist der Ausflug?« oder »Was gibt es zum Mittagessen?«) oder Anregungen erhalten, wie sie die Wartezeit überbrücken können (z. B. »Mach 10 Push-ups (Handstützen) an der Wand«, Combs, 2014).

6.2 Welche Strategien gibt es bei vermeidungsbedingten Problemen?

6.2.1 Ändern der Anforderung oder der Reaktion darauf

Beispiele für Betroffene mit hohem Unterstützungsbedarf
Verhaltensprobleme wie Wutausbrüche, schreien, weglaufen. Material zerstören, kneifen, beißen, treten oder Selbstverletzung finden sich oft, wenn ein Kind oder Jugendlicher mit ASS etwas vermeiden will. Das kann eine überfordernde, unterfordernde oder verwirrende Aufgabe sein, ein Übergriff durch ein anderes Kind, Konflikte mit einem Erwachsenen, eine langweilige oder überstimulierende Situation oder Schwierigkeiten bei Übergängen von einer Situation in die andere. Auch in diesen Fällen muss versucht werden, zunächst den genauen Grund und die Funktion für das Verhaltensproblem zu verstehen.

107

Wenn durch eine tägliche Beobachtungsliste deutlich wird, dass während einer bestimmten Schulstunde das Problemverhalten verstärkt auftritt, sollten mögliche Auslöser in dieser Situation genauer gesucht werden. Sofern beispielsweise die Aufgabenschwierigkeit nicht angemessen ist, kann überlegt werden, diese dem Niveau des Schülers anzupassen.

Der Betroffene sollte darüber hinaus die Möglichkeit haben durch Wortkarten oder verbale Äußerungen entsprechende Wünsche zu äußern, wie *»hilf mir«, »fertig«, »was Anderes/Leichtes/Neues«* oder *»Pause«*. Auch können schwierige Aufgaben eine doppelte Punktzahl bekommen, so dass der Anreiz zur Bearbeitung grösser wird.

Erfolg ermöglichen und Wahlmöglichkeiten anbieten

 Wenn Kinder und Jugendliche Aufgaben erfolgreich bewältigen können, ist die Wahrscheinlichkeit grösser, dass sie diese nicht vermeiden. Wenn nur etwa 20 % der Aufgaben schwer sind und der Rest leicht oder bereits gekonnt ist, haben vermeidungsbedingte Verhaltensprobleme weniger Chancen.

Beispiele für Betroffene mit geringem Unterstützungsbedarf

Schüler sind i. d. R. motivierter, wenn Aufgaben intern verstärkend wirken oder sie bei einer bestimmten Anzahl bewältigter Aufgaben extern verstärkt werden. Dies kann durch Anerkennung, Lob, Tokensysteme oder Noten erfolgen. Oft sind Wahlmöglichkeiten motivierend, wie *» Willst Du mit dieser oder jener Aufgabe anfangen?«* oder *»Kannst Du heute etwas Schweres machen?«, »Kannst Du das schon alleine oder brauchst Du Hilfe?«* Bei älteren Jugendlichen oder jungen Erwachsenen kann eine Konsequenz, die »erwachsen« wirkt (z. B. Kinokarte, Unterschrift) oder der Appell an das Selbstwertgefühl motivieren.

108

Der 32-jährige Sven hat Asperger und ist stolz darauf, Besucher durch seine Rehaeinrichtung führen zu dürfen. Aufgrund seiner starken Aggression kann er nicht mehr zuhause leben. Er wird aber alle 14 Tage von seiner Mutter nach Hause geholt. Die Mitarbeiter sind bemüht, Sven zum Duschen oder Rasieren anzuleiten, kapitulieren aber vor seinem Widerstand. Es wird ein Verstärkerplan erarbeitet (▶ Abb. 12), wobei sich nach kurzer Zeit zeigt, dass nicht die Angebote im Verstärkerladen (▶ Abb. 13) wichtig für ihn sind, sondern er sehr stolz darauf ist, seiner Mutter (rasiert und gepflegt) die Unterschriften für die Hygieneschritte vorzuzeigen.

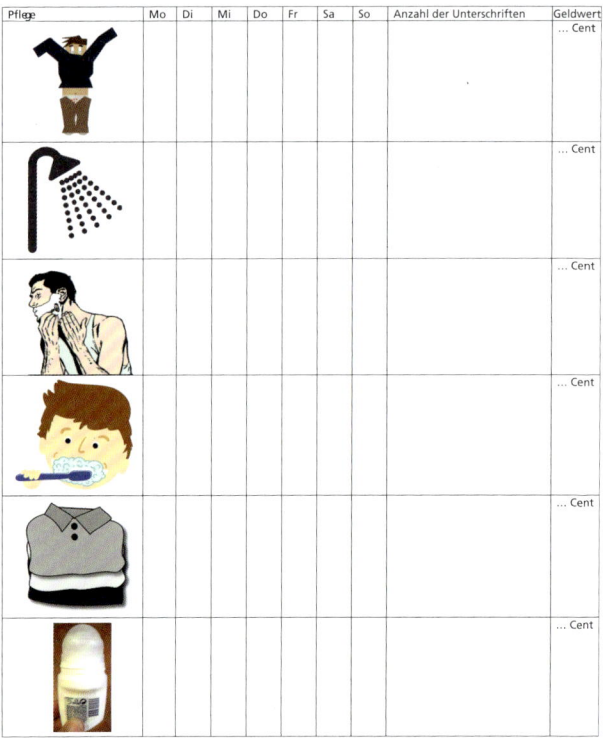

Pflege	Mo	Di	Mi	Do	Fr	Sa	So	Anzahl der Unterschriften	Geldwert
									... Cent
									... Cent
									... Cent
									... Cent
									... Cent
									... Cent

Abb. 12: Verstärkerplan mit Unterschriften für tägliche Körperhygiene

10 cent	20 cent	30 cent	40 cent	50 cent
				50 cent

Abb. 13: »Verstärkerladen«: Beispiele für Belohnungen, für die der über den Verstärkerplan gesammelte (Geld-)Wert eingelöst werden kann

110

6.2.2 Übungsziel: Befolgen von Anforderungen

Negativismus, Gegenkontrolle und routinemäßiges »Nein-Sagen« machen das Arbeiten und Leben mit Personen mit Autismus nicht einfach. Eine positive Alternative kann dagegen im Training und der Anleitung zum *Bejahen, dem Befolgen von Anweisungen sowie der Anleitung zur Hilfsbereitschaft* bestehen.

> Gilbert protestiert vehement und schließt sich ein, wenn die Eltern sein Computerspiel für beendet erklären. Er lernt auf dem Trampolin auf eine Liste von Aufforderungen wie »Pack deine Schultasche«, »Komm zum Essen«, »Mach dich bettfertig« oder »Mach den Computer aus« zu antworten mit »Okay, mach ich«, »Kein Problem« etc. Da die Übung für »Okay«-Antworten mit gemeinsamen Springen belohnt wird, verlieren Anweisungen ihren aversiven Charakter.

Selbstverständlich ist dieses nur der erste Schritt, um das Verhaltensproblem anzugehen. Getrennt wird das Befolgen von Zwei- und Mehrschritt-Anweisungen in der Therapie, dem Spiel und dem Alltag geübt und das erwartete Verhalten überschwänglich gelobt.

6.2.3 Übungsziel: Angemessenes Protestieren

Statt durch Werfen von Gegenständen, körperliche Übergriffe, Rückzug oder Selbstverletzung gegen bestimmte Situationen oder die Änderung von gewohnten Abläufen zu protestieren, kann es sinnvoll sein, alternative Skripte zu üben. So kann ein *ja-nein- oder lass-das-Training* hilfreich sein, diese Probleme zu verhindern.

111

> Noah weint, aber wehrt sich nicht, wenn andere Kindern ihn von Spielgeräten verdrängen. Ein gezieltes Training wird durchgeführt, bei dem er leichten Stresssituationen ausgesetzt wird (z. B. kitzeln, sich an ihn lehnen, etwas wegnehmen), die er sofort durch das vorgegebene Skript »lass das« beenden kann.

Wenn Ereignisse zu Problemen führen, weil sie nicht überschaubarer genug sind, können Tagespläne mit Visualisierung von Änderungen, Ablaufpläne für einzelne Ereignisse sowie ein Kalender oder Training von Uhr und Zeitdauer sinnvoll sein. Auch bebilderte oder schriftliche Regeln oder Verträge über erwartetes und nicht-erwartetes Verhalten haben sich als positive Alternativen zu derartig motivierten Verhaltensproblemen bewährt.

6.3 Welche Strategien gibt es bei sensorisch bedingten Problemen?

6.3.1 Abgleich des sensorischen Profils mit der Umgebung

Probleme bei der sensorischen Integration können im Hintergrund von verschiedenen Verhaltensauffälligkeiten liegen. So kann eine Fehlwahrnehmung des eigenen Körpers zu Selbstverletzungen, wie Anschlagen des Kopfes, Beißen in die Hände oder stereotypen Bewegungen führen.

> • Eine erwachsene Laborangestellte mit Asperger- Syndrom berichtet, dass sie mehrmals täglich während der Arbeit auf die Toilette gehen müsste, um dort zu springen und sich zu

schlagen. Sie habe sonst das Gefühl, ihren Körper nicht mehr zu spüren.

- Die durch ihre Forschung mit Tierhaltungen bekannte Temple Grandin leidet am Asperger-Syndrom und einer Übersensitivität gegenüber Berührungen und Geräuschen. Sie entwickelte eine Maschine, die durch Druck auf den Körper für sie und andere Betroffene beruhigend wirkt (Grandin, 1992).

Mehr als 80 % der Erwachsenen mit ASS berichten in mehreren Wahrnehmungsbereichen von Hyper- oder Hypo-Sensitivität (Goddard & Pring, 2009). Hierbei kann man ein Spektrum an Schweregraden beobachten, das von milder bis zu ausgeprägter Störung geht. Motorengeräusche, wie Staubsauger, Rasenmäher, Motorräder oder Küchenmaschinen können für einige Betroffene faszinierend sein, während sie für andere Grund zu panikartiger Flucht sind (▶ Kap. 2.2.5). Kinder, die sensorische Stimulation suchen, tun dies oft durch Drehen, Rennen, Klettern, Springen, Klopfen, Lautieren oder Riechen (Kranowitz, 2005).

Aktivierung und Ruhepausen

Bei überaktiven oder überstimulierten Kindern haben sich eingestreute *Bewegungsspiele* als hilfreich gezeigt. Um überschüssige Energie abzubauen, können diese alle 15 Minuten eingesetzt werden. Besonders bei jungen Kindern können darüber hinaus Interaktionsspiele wie »*high-five*«, Kitzeln oder Fingerspiele sinnvoll sein. Auch körperliche Aktivierung kann in Einzelfällen sinnvoll sein. So konnten Verhaltensprobleme einer Intensivgruppe von Erwachsenen mit geistiger Behinderung durch regelmäßiges Joggen und Tragen der Wäsche zur Wäscherei erheblich reduziert werden (mündliche Mitteilung, Werner Blesch, Johannes-Anstalten Mosbach).

Dies wurde in einer Untersuchung bestätigt, die zeigte, dass selbst kurze Jogging-Perioden zu einem Rückgang von Selbststimulationen sowie einer Zunahme von angemessenem Spiel und verbessertem Verhalten in der Schule führten (Kern et al., 1982). Während zusätzliche Stimulation manche Kinder beruhigt, werden andere allerdings hierdurch »überstimuliert« und können eher durch Schweredecken/-westen, Massagekissen/-stühle oder Rückzugsecken zur Ruhe kommen. Auch Kopfhörer oder Musik können hilfreich sein, um stressreiche Wahrnehmungseindrücke zu reduzieren oder einen unangenehmen Lärmpegel auszuschalten. Visuelle Überflutung kann in Klassen zu Ablenkung führen. Raumteiler oder Trennwände auf den Tischen können hier hilfreich sein.

Hilfreiche Strategien
- Bewegungspausen (z. B. Trampolin, auf der Stelle joggen, Treppenlaufen, Stuhlstütz, Liegestütz, »Schubkarre«, »Sandwich«, Bär-Gang, Hasenhoppeln)
- Aktivierung durch Joggen, Tragen, Liegestütz, Stühle hochstellen
- Sprach- und Bewegungslieder (z. B. Fallschirmspiele)
- Stressbälle, Spinner oder andere »Fummlis«
- Sitzball, Schaukel/Schaukelstuhl
- Schweredecken/Schwerewesten
- Massagekissen
- Kopfhörer/Musik
- Rückzugsecken
- Yoga-Positionen

6.3.2 Alternativen zu Selbststimulation und Spezialinteressen

Reihungen, Dreh-, Wedel- oder Schaukelbewegungen gehören zu häufigen Verhaltensweisen von Kindern, Jugendlichen und Erwachsenen mit Autismus. Auch hier muss zunächst durch eine Verhaltensanalyse bestimmt werden, was genau das Individuum an der jeweiligen Selbststimulation fasziniert. Ist das Wedeln mit einem Band visuell bedingt oder durch die Schüttelbewegung der Hand motiviert? Welches Band ist das geeignete für die Stereotypie? Kann das endlose Drehen von Gegenständen so umgeleitet werden, dass der betroffene Jugendliche einen der aktuellen »Fidget-Spinner« nutzt und so nicht mehr angestarrt wird, sondern einfach »dazu-gehört«?

> Jannik verbringt seine Freizeit und seine Schulpausen mit dem Werfen von Papierfliegern und Gegenständen, die an Bänder gebunden sind. Da er nur wenig spricht und die Arbeitssituation vermeidet, ist eine erste Übung, Gegenstände mit einer »Angel« zu sich zu holen. Da hier das Interesse des Jungen in die Aufgabe eingebaut ist, arbeitet er bereitwillig mit und benennt die angebundenen Gegenstände. Schließlich gelingt das Benennen auch bei ersten Wortkarten.

Sonderinteressen nutzen

Mittlerweile kennen wir zahlreiche Möglichkeiten, stereotype Bewegungen in Lernsituationen zu nutzen, sei es ein Wortschatztraining, bei dem zu benennende Objekte oder Karten auf drehenden Servicetabletts oder Drehstühlen die Aufmerksamkeit der Kinder auf sich ziehen. Oft sind Kinder, die gerne Dinge aneinanderrei-

115

hen dazu bereit, diese Dinge (z. B. Autos, Farben oder Formen) zunächst zu benennen, bevor sie aneinandergereiht werden dürfen. Zum Teil können verschiedene Vorschul- oder Schulfähigkeiten mithilfe von beliebten Dominospielen gelernt werden, z. B. Farb-, Form- und Mengenzuordnung, aber auch Gefühlszuordnungen, Addition, Zeit- oder Geldbegriffe. Spezialinteressen können zum Teil einen Hinweis auf motivierende Lernsituationen, Freizeitkontakte oder sogar spätere Berufsmöglichkeiten geben (▸ Abb. 14).

Abb. 14: Das Sonderinteresse des Jungen an Segelbooten wird in das Lesen lernen von Farbbegriffen integriert.

6.4 Welche Strategien gibt es bei Stressintoleranz oder Wut- bzw. Ärgerausbrüchen?

6.4.1 Alternativen zu Stressreaktionen und Verstärken von Stresstoleranz

An verschiedenen Stellen wurde weiter oben bereits auf die Problematik einer geringen Frustrations- und Stresstoleranz bei Personen mit ASS hingewiesen. Jugendliche berichten, dass sie von intensiven Ärgergefühlen überflutet werden, die oft mit Ängsten und unkontrollierter Wut einhergehen (Moyes, 2002). Erneut stellt sich die Frage, welche Strategien sinnvoll sind, um wirksam vorbeugen oder intervenieren zu können. Eine funktionale Verhaltensanalyse muss hier Anhaltspunkte über die Ursachen und Funktionen des Verhaltens geben. Ebenfalls zu diskutieren ist welche präventiven Strategien eingesetzt werden können und was Eltern, Erzieher und Lehrer tun können, wenn die Situation eskaliert. Hierbei sind Beobachtungen der ersten Anzeichen von Wut-/Ärger-/Aggressions Ausbrüchen und entsprechende *Deeskalationsstrategien* hilfreich. Dabei ist es wichtig, auch das soziale Umfeld angemessen zu beraten, sodass diese als Team Spannungen abfangen, emotionalen Halt geben und alternatives Verhalten verstärken. Schließlich sollten Sicherheitsmaßnahmen Teil der Beratung sein, um ggfs. Schaden begrenzen zu können (Heinrich, 2009-b).

Probleme können auch dadurch verhindert werden, dass *»Rückzugsräume«* eingerichtet werden oder der Schüler in Notfällen mit sog. *»sicheren Personen«* sprechen kann. Auch für die Interaktionspartner ist es wichtig, auslösende Situationen und

Vorformen von Wutanfällen zu erkennen und möglichst abzufangen (Heinrich, 2009-a). Hierzu kann ein *Gefühls-Check-In* oder Wut-/Ärger-Thermometer (Dunn Buron et al, 2012) und die Kenntnis bisheriger Auslöser von Problemen sinnvoll sein. Umleitung, Ablenkung, Bewegungsangebote, aber auch sinnvolle Tätigkeiten wie z. B. Müll wegbringen o. ä. (▶ Abb. 15) können dazu beitragen, aus Stress-Problem-Kreisläufen auszubrechen.

Um Betroffenen langfristig Hilfen an die Hand zu geben, sind *Entspannungsübungen und Problemlösen* sinnvolle Strategien. Das können Stressbälle, Fummlis, Atemübungen, Bewegungspausen oder Yoga sein.

Wie bei den anderen Beispielen können Strategien wie diese nicht ungefiltert auf andere Kinder übertragen werden. Es muss in jedem Fall sichergestellt werden, dass obige Alternativen nicht verstärkend sind.

118

Abb. 15: Abholen von Flaschen und Recycling zur Prävention von Unruhe-phasen

Tokenverstärkung für positives Alternativverhalten

Verstärkungssysteme, wie »cool-Punkte« haben sich als Anreiz bewährt, um in Stress-Situationen gelassen zu bleiben (▶ Abb. 16). Hierbei ist es sinnvoll, potentielle Stress-Situationen anzusprechen und im Rollenspiel zu üben, wie man sich »cool« verhalten kann.

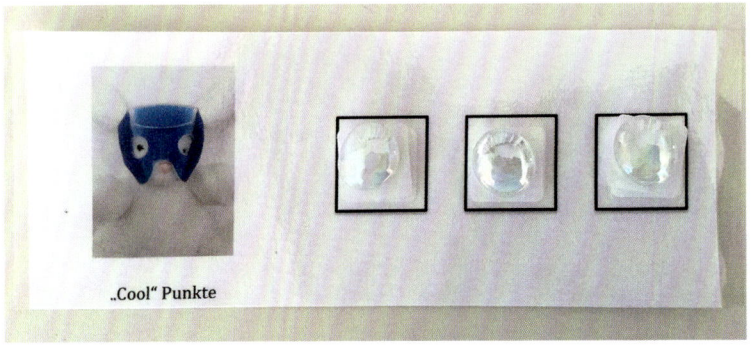

„Cool" Punkte

Abb. 16: Token-Verstärkung für »cooles« Verhalten in Stresssituationen

Auch das *positive Feedback* über das *Nicht-Eintreten des Verhaltensproblems* sollte positiv verstärkt werden. Erneut kann eine Visualisierung mit Tokenverstärkung hilfreich sein (▶ Abb. 17). Selbstverständlich kann das System auch für die Verstärkung von positiven Verhaltensalternativen eingesetzt werden (z. B. *Heute habe ich geholfen/nette Worte gebraucht* etc.).

Heute war ich **nicht wütend**

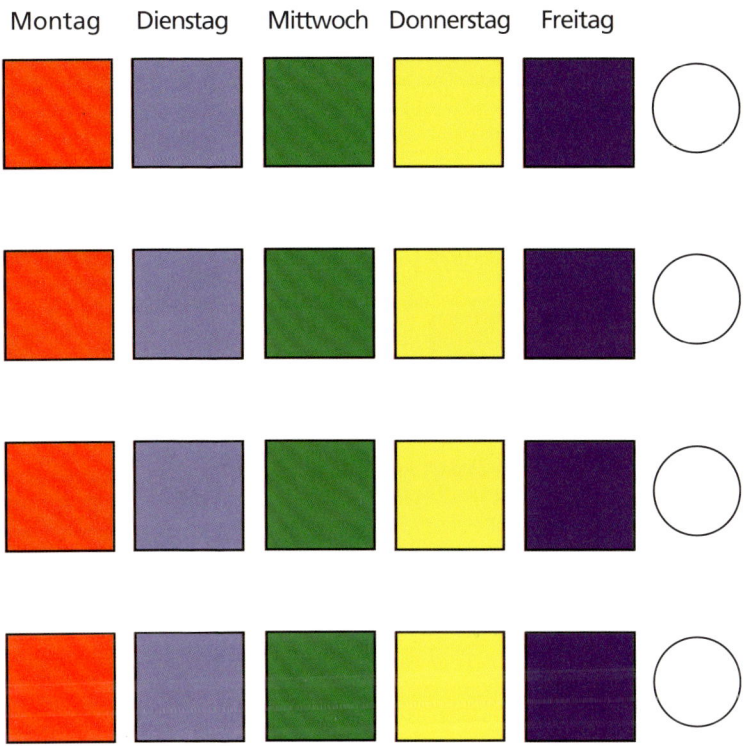

Abb. 17: Tokens für einen Monat nicht wütend sein

6.4.2 Regeln lernen

Regelkataloge mit erwarteten Verhaltensweisen haben sich ebenfalls als gute Prävention von Problemverhalten gezeigt. Selbstverständlich sollten sie mit allen Beteiligten abgesprochen werden
wie bei dem folgenden Poster (▸ Abb. 18).

121

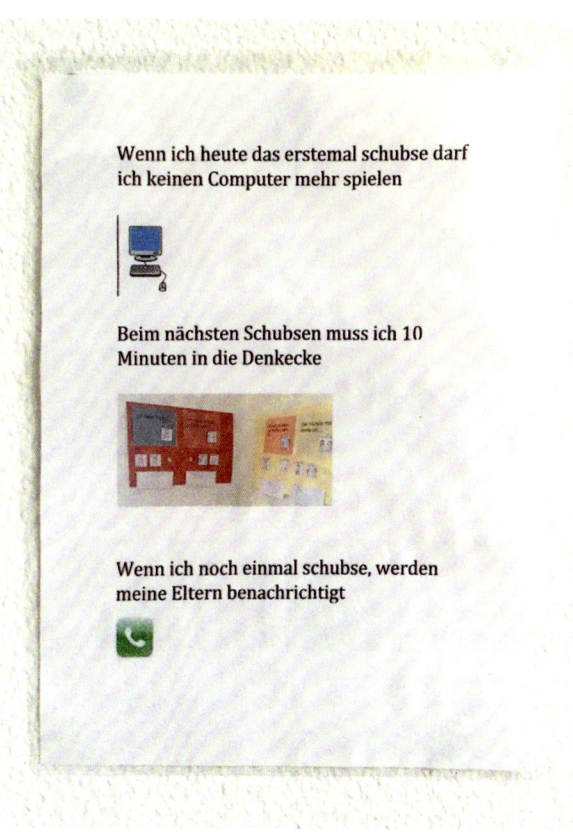

Abb. 18: Bei einem wiederholtem Verhaltensproblem werden verschiedene negative Konsequenzen angekündigt.

6.4.3 Probleme lösen

»Was ist/war das Problem und wie kann ich es (das nächste Mal) am besten angehen?« Strategien zum Problemlösen sind oft notwendig, damit Betroffene nicht an eingefahrenen, unangepassten Lösungen festhalten. Hierzu ist es zunächst wesentlich, dass der

Auslöser einer Problemsituation erkannt wird und alternative Lösungen und deren Konsequenzen diskutiert werden.

Visuelle Hilfen

 Auch *visuelle Hinweise auf Problemlösestrategien* können dem Betroffenen positive Alternativen zu einem möglichen Verhaltensausbruch aufzeigen (Bernard-Opitz, 2014).
Gezielte Übungen zu Situationen, die eine hohe Wahrscheinlichkeit von Problemverhalten mit sich bringen sollten durchgeführt werden. Hierbei können Cartoons, Skripte, Rollenspiel, Videomodellieren oder Gespräche helfen, sich angemessener zu verhalten (Bernard-Opitz, 2009, 2014; Baker, 2004).

Paula lernt, dass es Verhaltensweisen gibt, die absichtlich erfolgen und solche, die durch Zufall bedingt sind. Nachdem sie im Rollenspiel erfahren hat, dass sie im Pausenhof meist zufällig gestreift wird, vermindern sich ihre Wutausbrüche.

6.4.4 Verlieren lernen

Oft kommt es zu Äußerungen von Ärger, wenn jemand bei Spielen verliert, Fehler macht oder in seinem Verhalten eingeschränkt wird. Auch hier sollte gezielt geübt werden, wie man angemessen verliert oder mit Fehlern und Verboten umgeht.

Noel toleriert Verlieren weder beim Sport noch bei Gesellschaftsspielen. Meist weint er, tritt gegen Personen oder Gegenstände und »geht aus dem Felde«. Nachdem durch Videomodellierung gute und schlechte Verlierer gezeigt und

123

Punkte für den Verliererkönig vergeben werden, verhält sich Noel angemessen.

6.4.5 Flexibel werden

Eltern verzweifeln häufig darüber, dass ihr Kind so festgefahren ist und sie extreme Verhaltensprobleme auslösen, wenn sie *Routinen unterbrechen* oder sich nicht den (ungeschriebenen) Regeln ihres Kindes anpassen. Angst vor Änderung und Mangel an Flexibilität sind meist zugrundliegende Merkmale. Kinder sprechen oft gut an auf das Bild vom *flexiblem Gummiband und einem starren Steinkopf* an (Garcia-Winner & Crooke, 2008).

Sara hat viele kleine Rituale, die die Eltern einhalten müssen, um keine großen Wutausbrüche zu riskieren. So muss der Stuhl angerückt werden, bevor Sara isst oder sie putzt ihre Zähne erst dann, wenn die Eltern »fertig-los« sagen. Um Flexibilität als eine positive Eigenschaft einzuführen, wird im Alltag betont, wann jemand flexibel ist (z. B. wenn der Vater auf dem Platz der Mutter sitzt). Im weitere Verlauf bekommt sie für flexibles Verhalten sog. »Flexi-Punkte«.

Auch sogenannte *Flexi-Punkte* werden eingesetzt, um Verhaltensweisen aufzubauen, die angemessener sind und den Betroffenen langfristig weniger Probleme bereiten.

Mangel an Flexibilität kann auch hinter eingefahrenen Verhaltensweisen wie z. B. stundenlangem Computerspielen stecken. Folgendes Cartoon-Beispiel ist nur ein Teil der Interventionsstrategie (▶ Abb. 19).

Abb. 19: Cartoon-Geschichte zum Aufbau alternativer Freizeitbeschäftigung.

6.4.6 Selbstkontrolle und Organisation lernen

Selbstkontrolle umfasst zahlreiche Strategien wie Organisationsfähigkeit, emotionale Regulation oder auch Selbstständigkeit (Combs, Dittoe & Aebeker, 2016).

Oft ist zum Beispiel *Zeitdruck* ein wichtiger Faktor für die Entstehung von Stress, emotionalen Problemen und Verhaltensauffälligkeiten. So sind Schulmaterialien nicht angemessen hergerichtet, Hausaufgaben nicht aufgeschrieben oder Prüfungen und Projekte zu kurzfristig vorbreitet.

Organisationsfähigkeit aufbauen

 Wichtig ist, dass zunächst klare Prioritäten gesetzt werden über das, was man als erstes erledigen sollte, und das, was später folgt. Eine wichtige Grundlage hierfür ist ein Verständnis von Uhrzeiten, Zeitdauer und Kalender (Dipipi-Hoy et al., 2016). Um zu planen, zu organisieren und Prioritäten festzulegen, können gemeinsam mit den Betroffenen Checklisten entwickelt werden. Mindmaps kommen dem Bedürfnis nach einem stabilen Organisationssystem entgegen, da sie für verschiedene Fragestellungen und Fächer eingesetzt werden können. Auch hier sind verhaltenstherapeutische Strategien wie eine Aufgabenanalyse, schrittweises Vorgehen und Verstärkung Teil der Strategie.

6.4.8 Angemessener denken lernen und Gefühle kontrollieren

Ausgrenzung und Mobbing stellen ebenfalls Auslöser für Verhaltensauffälligkeiten dar. Diese können als *Wut-/Ärger-Äußerungen, soziale Ängste* oder *depressive Verstimmung* beobachtet werden.

> Alex ist gern der »Boss« und macht sich durch häufiges Einmischen und Korrigieren anderer unbeliebt. Daraufhin wird er von den Klassenkameraden ausgegrenzt, worüber er sehr traurig ist. Er lernt durch Soziale Geschichten, Kontingenzmappen und Feedback in realen Situationen, dass er die Wahl hat zwischen »Freunden gewinnen« – oder »Boss sein« bzw. »Recht haben«. Mit seiner Mutter werden Slogans oder Zeichen vereinbart, wenn er die Regelpolizei ist oder sich einmischt.

Wichtige Slogans und Selbstkontrollfragen auch für andere Problemsituationen sind unter anderem die Folgenden:

* Ist das eine gute oder keine gute Wahl (mit Daumen hoch oder runter)?
* Ist das ein Problem oder ein Problemchen?
* Kannst du etwas Schweres machen oder nur etwas Leichtes wie kleine Kinder?
* Ist das ein »Ich« oder ein »Du« Gespräch?
* Willst du einen Monolog oder einen Dialog?
* Ist das ein Streitgespräch oder eine Argumentation?
* Willst du Recht haben oder Freunde finden?
* Bist du die Regelpolizei/der Bestimmer/der Einmischer/der Boss oder Teil der Gruppe?
* Wozu würde ein angemessenes/unangemessenes Verhalten führen?

Mittlerweile steht neben einer Veränderung von unangemessenen Denkstrategien (Baker, 2016) auch die Entwicklung von angemessener Gefühlsregulation im Zentrum der Arbeit mit den Betroffenen. Diese kann sogar bei jüngeren Kindern durch visuelle Hilfen, Gefühlsthermometer oder Comic Strips angeleitet werden (Atwood, 2004). Durch randomisierte Gruppenuntersuchungen mit Kindern mit ASS konnten Wut/Ärger-Tendenzen und Ängste durch kognitive Strategien reduziert werden (Wood et al., 2009, Sofonoff, Attwood & Hinton, 2005). Es konnte gezeigt werden, dass bereits 5- bis 7-jährige Kinder mit ASS durch Training zur Gefühlsregulation, zum Stressmanagement und zu sozialen Skripten weniger negativistisches Verhalten und reduzierte Wut-Ärger-Werte aufweisen (Scarpa & Reyes, 2011). Berücksichtigt werden muss, dass es nicht ausreicht, lediglich durch Verändern des Denkens und Fühlens weniger

problematisches Verhalten auszulösen. Oft müssen zugrundeliegende Bedürfnisse nach Aufmerksamkeit und Anerkennung,
Ängste sowie Autismusmerkmale ebenfalls in den Therapieplä-
nen berücksichtigt werden.

Positive Verhaltensunterstützung nicht vergessen

 Die Haltung und Reaktion der Umwelt auf Verhal-
tensprobleme, Therapiestrategien und Interventi-
onsziele muss ebenfalls berücksichtigt werden. Hier
sollte eine positive Grundhaltung gegenüber der
Person mit ASS, ein Verständnis der Ursachen des beobachtbaren
Verhaltens und Kenntnis von bewährten Therapiemethoden das
Vorgehen leiten.

7   Zusammenfassung und Ausblick

Der verhaltenstherapeutische Ansatz geht von der positiven Annahme aus, dass die meisten Verhaltensprobleme gelernt sind und dass sie durch positive Alternativen ersetzt werden können. Um dieses zu erreichen müssen sie zunächst sehr gründlich analysiert und verstanden werden. Hierbei spielt die systematische Beobachtung und Analyse der aktuellen Problemsituation sowie der zugrundeliegenden Autismusmerkmale und Lernhindernisse eine zentrale Rolle. Wichtig sind neben den Schwächen des Betroffenen vor allem seine Stärken, seine Interessen sowie die Ressourcen, Kompetenzen und Möglichkeiten seiner Umwelt. Besonders Betroffene mit wenig Unterstützungsbedarf sollten nach Möglichkeit stets in die Planung miteinbezogen werden. Die Prävention von Problemen sollte dabei im Vordergrund stehen. Daneben ist aber auch die Entwicklung von

Kompetenzen in Kommunikation, Sozialverhalten, Selbständigkeit, exekutiven Funktionen oder Selbstkontrolle ein zentrales Ziel.

Therapieplanung ist eine *Teamaufgabe*, bei der alle Beteiligten Ziele für Verhaltensänderung und Alternativverhalten im Rahmen eines umfassenden Curriculums und Verhaltensplans festlegen sollten. So nehmen in den USA z. B. an den obligatorischen *IEPs (Individual Educational Program)* der Schüler mit ASS (nach Möglichkeit) die Eltern, die zuständigen Erzieher/Lehrer, der Sonderschullehrer, ein Spezialist, der die bisherigen Daten interpretieren und neue Ziele setzen kann (z. B. Schulpsychologe) sowie ein Vertreter der Schulbehörde teil. In einem verbindlichen Curriculum und einem Verhaltensplan werden konkrete Ziele für das kommende Jahr festgelegt. Diese müssen so formuliert werden, dass sie durch Verlaufsdaten objektiv erfasst und überprüft werden können. Dieses Vorgehen garantiert, dass der Schüler mit ASS sowie dessen Erziehungsziele im Mittelpunkt stehen und Lang- und Kurzzeitziele gemeinsam festgelegt werden.

Ein wichtiges Thema der Vereinbarung ist die Intensität der notwendigen Intervention durch ABA/AVT. Empfohlen werden im Allgemeinen 15 bis 40 Stunden pro Woche, wobei dies abhängig ist vom Umfang der Therapie- und Förderziele, dem Bedarf der Person mit ASS als auch der Verfügbarkeit von Therapeuten oder Co-Therapeuten (Lindgren & Doobay, 2011; Granpeesheh, Tarbox & Dixon, 2009). Nach Möglichkeit sollten die pädagogischen Fachkräfte von Kindergarten oder Schule, aber auch die Eltern und das Hausteam mit in die Therapie einbezogen werden. Hierbei wird empfohlen, dass Teamgespräche und Supervisionen mindestens 14-tägig von erfahrenen Verhaltenstherapeuten oder BCBAs (Board Certified Behavior Analysts) durchgeführt werden (Bernard-Opitz & Nikopoulos,

2016). Dies garantiert, dass die eingesetzten Strategien sinnvoll sind und den ethischen Richtlinien des BACAs (Behavior Analyst Certification Board) genügen.

Neben den aufgezeigten Methoden zur Veränderung von Verhalten sollte der Respekt vor dem Individuum mit ASS und seiner Andersartigkeit das therapeutische Handeln leiten. Neben dem Verständnis, der Analyse und der Veränderung von Problemen sollten konkrete Lang- und Kurzzeitziele von positiven Alternativen die therapeutischen Bemühungen bestimmen. Hierbei sind die beschriebenen Analyseebenen zentral für eine umfassende Behandlung der Probleme und für die Entwicklung von positivem Alternativverhalten. Für die Kinder, Jugendlichen und Erwachsenen mit ASS stellt dabei die Freiheit von Verhaltensproblemen eine Chance dar, verstärkt am sozialen Leben teilnehmen zu können. Dies kann Betroffenen und ihren Familien helfen, so erfüllt und normal wie möglich leben zu können. Es ist meine Hoffnung, dass dieses Buch ein wenig dazu beiträgt.

Literatur

Aspy, Grossmann, Smith Myles & Henry (2016). *FBA to Z: Functional behavior analysis and intervention plans for individuals with ASD.* Shawnee Mission, KS: Autism Asperger Publishing Company.

Aspy, R. & Grossmann, B. G. (2011). *The Ziggurat Model: A framework for designing comprehensive interventions for individuals with high functioning autism and asperger syndrome.* Shawnee Mission, KS: Autism Asperger Publishing Company.

Attwood, T. (2004). Cognitive behaviour therapy for children and adults with asperger's syndrome. *Behaviour Change 21*(03), 147–161.

Attwood, T. (2009). *Making friends and managing feelings.* Guildford, CT: Future Horizon.

Autism Speaks (2012). *Why is it important to do something about challenging behaviors?* Zugriff unter: https://www.autismspeaks.org/¬ family-services/tool-kits/challenging-behaviors-tool-kit [21.12.2017].

Baker, J. (2004). *Social skills training for children and adolescents with asperger syndrome and social-communicative problems.* Shawnee Mission, KS: Autism Asperger Publishing Company.

Bandura, A. (1991). *Sozial-kognitive Lerntheorie.* Stuttgart: Klett-Cotta.

Baker, J. (2009). *The social skills picture book for highschool and beyond.* Arlington, TX: Future Horizon.

Baker, J. (2017). *Anders denken lernen.* Stuttgart: Kohlhammer.

Behavior Analyst Certification Board, Inc. (BACB) (2014). *Treatment of autism spectrum disorders: Practice guidelines for healthcare funders and managers.* Zugriff unter https://www.bacb.com/wp-content/¬ uploads/2017/09/ABA_Guidelines_for_ASD.pdf [06.02.2018].

Behavior Analyst Certification Board (2016). *Professional and ethical compliance code for behavior analysts.* https://www.bacb.com/wp-con¬ tent/uploads/2017/09/170706-compliance-code-english.pdf.

Bellini, S. (2016). *Building social relationships 2: A systematic approach to teaching social interaction skills to children on the autism spectrum.* Shawnee Mission, KS: Autism Asperger Publishing Company.

Bernard-Opitz, V. & Häussler, A. (2017). *Praktische Hilfen für Kinder mit Autismus Spektrum Störungen*. Stuttgart: Kohlhammer.

Bernard-Opitz, V. & Nikopoulos (2016). *Lernen mit ABA/AVT*. Stuttgart: Kohlhammer.

Bernard-Opitz, V. (2014-a). *Kinder mit Autismus Spektrum Störungen: Ein Praxishandbuch für Therapeuten, Eltern und Lehrer* (3. Aufl.). Stuttgart: Kohlhammer.

Bernard-Opitz, V. (2014-b). *Visuelle Methoden in der Autismus-spezifischen Verhaltenstherapie (AVT): Das Cartoon und Skript-Curriculum zum Training von Sozialverhalten und Kommunikation*. Stuttgart: Kohlhammer-Verlag.

Bernard-Opitz, V. (2009). Video-Modelling. In: S. Bölte (Hrsg.), *Handbuch Autismus* (S. 316–320). Bern: Huber.

Baio, J. (2014). *Autism and Developmental Disabilities Monitoring Network Surveillance Year 2010, Prevalence of autism spectrum disorder among children aged 8 years* – Autism and Developmental Disabilities Monitoring Network, 11 Sites, United States. Retrieved from http://www.¬cdc.gov/mmwr/preview/mmwrhtml/ss6302a1.htm?s_cid=ss6302a1_w [21.12.2017]

Bölte, S. & Bormann-Kischkel, C. (2009). Testpsychologie. In: Bölte (Hrsg), *Autismus Spektrum, Ursachen, Diagnostik, Intervention, Perspektiven* (S. 175–)186. Bern: Huber.

Bondy, A. & Frost, L. (2001). The picture exchange communication system. *Behavior Modification 25*(5), 725–744.

Boroson, B. (2011). *Autism spectrum disorders in the mainstream classroom*. New York: Scholastic.

Bundesverband evangelische Behindertenhilfe e. V. (Hrsg.) (2007). *Schau doch meine Hände an. Sammlung einfacher Gebärden zur Kommunikation mit nichtsprechenden Menschen*. Reutlingen.

Camp, B. W. & Bash, M.A. (1981). *Think aloud: increasing social and cognitive skills, a problem-solving program for children*. Champaign: Research Press

Carr, E. G. & Durand, V. M. (1985). Reducing severe self-injurious behavior through functional communication training. *Journal of Applied Behavior Analysis, 18*, 111–126.

Charlop-Christy, M. H. & Daneshvar, S. (2003). Using video modeling to teach perspective-taking skills to children with autism. *J. of Positive Behavior Intervention, 5*(1), 12–21.

Charman, T., Pickles, A. Simonoff, E., Chandler, S., Loucas, T. & Baird, G. (2010). IQ in children with autism spectrum disorders: data from the Special Needs and Autism Project (SNAP). *Psychological Medicine, 41*(3):619–27 (online: http://centaur.reading.ac.uk/17903/1/IQ_(in_¬ press)_Psychological_Medicine.pdf.

Combs, S. (2014). *Push to open. A teacher's quick guide to universal design for teaching students on the autism spectrum in the general education classroom.* Shawnee Mission, KS: Autism Asperger Publishing Company.

Combs, L., Dittoe, C. & Aebker, S. (2016). *Gear up for success: A three-tiered model for supporting learners on the autism spectrum.* Shawnee Mission, KS: Autism Asperger Publishing Company.

Cooper J. O. & Heron E. T. & Heward W. L (2007). *Applied Behavior Analysis* (2nd Ed.). Prentice Hall, New Jersey: Pearson.

Cohen, M. J. & Sloan, D. L. (2007). *Visual supports for people with autism: A guide for parents and professionals (Topics in Autism).* Bethesda, MD: Woodbine House.

Couturier J. L., Speechley, K. N., Steele, M., Norman, R., Stringer, B. & Nicolson, R. (2005). Parental perception of sleep problems in children of normal intelligence with pervasive developmental disorders: Prevalence, severity, and pattern. *Journal of the American Academy of Child and Adolescent Psychiatry. 44*(8), 815–822.

Coucouvanis, J. (2015). *Rules and tools for parents of children with autism spectrum and related disorders: Changing behavior one step at a time.* Shawnee Mission, KS: Autism Asperger Publishing Company.

Danne, H. (2016). *Applied Behavior Analysis and Verbal Behavior: Grundlagen und Umsetzung bei Autismus.* Breitingen: Hermann Danne Selbstverlag.

Dipipi-Hoy, C., Steere, D. & Wehman, P. (2016). *Teaching time management to learners with autism spectrum disorder.* KS: Autism Asperger Publishing Company.

Dunn Buron, K., Thierfield Brown, J., Curtis, M. & King, L. (2012). *Social behavior and self-management: 5-point scales for adolescents and adults.* Shawnee Mission, KS: Autism Asperger Publishing Company.

Dunn Buron, K. (2010). *A »5« could make me lose control: An activity-based method for evaluating and supporting highly anxious students.* Shawanee Mission, KS: Autism Asperger Publishing Company.

Durand, V. M. & Crimmson, D. B. (1992). *The motivation assessment scale.* KS: Monaco & Associates.

Garcia-Winner, M. & Crook, P. (2008). *You are a social detective.* San Jose, CA: Privatverlag (www.socialthinking.com).

Garcia-Winner, M. (2007). *Social behavior mapping: Connecting behavior, emotions and consequences across the day.* San Jose, CA: Privatverlag (www.socialthinking.com).

Goddard, L. & Pring L. (2009). Sensory processing in adults with autism spectrum disorders. *Autism, 13*, 215–228.

Granpeesheh, D., Tarbox, J. & Dixon, D. R. (2009). Applied behavior analytic interventions for children with autism: A description and review of treatment research. *Annals of Clinical Psychiatry, 21*(3), 162–173.

Goldman, S. E., Richdale, A. L., Clemons, T, Malow B. A. (2012). Parental sleep concerns in autism spectrum disorders: variations from childhood to adolescence. *Journal of Autism Developmental Disorder 42*(4), 531–538.

Grandin, T. (1992). Calming effects of deep touch pressure in patients with autistic disorder, college students and animals. *Journal of Child & Adolescent Psychopharmacology, 2*(1), 63–72.

Gray, C. (2004). Social Stories^{TM} 10.0: The new defining criteria and guidelines. *Jenison Autism Journal, 15*(4), 2–20.

Gray, C. & White, A. L. (2002). *My Social Stories book.* Philadelphia, PA: Jessica Kingsley.

Heinrich, J. (2009-a). *Akute Krise: Aggression – Aspekte sicheren Handelns.* Marburg: Lebenshilfe Verlag.

Heinrich, J. (2009-b). Behandlung fremd- und selbstaggressiver Verhaltensweisen. In: Bölte (Hrsg) *Autismus Spektrum, Ursachen, Diagnostik, Intervention, Perspektiven* (S. 431–444). Bern: Huber.

Hergenröther, D. (2016). *Praxisbuch VT-Bericht: Berichterstellung und Gutachterverfahren in der Verhaltenstherapie.* Berlin: Deutscher Psychologenverlag.

Howlin, P. & Simon-Cohen, B. (1998). *Teching children with autism to mind-read: A practical guide for teachers and parents.* In: John Wiley & Sons.

Iwata, B. A., Dorsey, M. F., Slifer, K. J., Bauman, K. E. & Richman, G. S. (1994). Toward a functional analysis of self-injury. *Journal of Applied Behavior Analysis, 27,* 197–209.

Kanfer, F. H. & Saslow, G. (1969). Behavioral diagnosis. In: C. M. Franks (Ed.), *Behavior therapy: Appraisal and status* (pp. 417–444). New York: McGraw Hill

Kanne, S. M., & Mazurek, M. O. (2011). Aggression in children and adolescents with ASS: Prevalence and risk factors. *Journal of Autism and Developmental Disorders, 41*(7), 926–937.

Kern-Koegel, L., Koegel, R. L. & Dunlap, G. (2001). *Positive behavior support: Including people with difficult behavior in the community.* Baltimore, MD: Brookes Publishing.

Kern, L., Koegel, R. L., Dyer, K., Blew, P. A, & Fenton, L. R. (1982). The effects of physical exercise on self-stimulation and appropriate responding in autistic children. *Journal of Autism and Developmental Disorder 12*(4), 399–419.

Klin, A., Danovitch, J. H., Merz, A. B. & Volkmar, F. R. (2007). Circumscribed interests for higher functioning individuals with autism spectrum disorders: An exloratory study. *Research & Practice for Persons with Severe Disabilities, 32*(2), 89–100.

Kluth, P. & Schwarz, P. (2008). *Just give him the whale! Ways to use fascinations, areas of expertise and strengths to support students with autism.* Baltimore, MD: Brookes Publishing.

Kranowitz, C. S. (2005). *The out-of-sync child.* New York: Perigee.

Leyfer, O. T., Folstein, S. E., Bacalman, S., Davis, N. O., Morgan, J., Tager-Flusberg, H. & Lainhart, J. E. (2006). Comorbid psychiatric disorders in children with autism: intrview development and rates of disorders. *Journal of Autism and Developmental Disorders, 36*(7), 849–61.

Lindgren, S. & Doobay, A. (2011). *Evidence-based interventions for autism spectrum disorders.* Center for Disabilities and Development, University of Iowa Children.

Malow B., Adkins K. W., McGrew, S. G., Wang, L., Goldman, S. E., Fawkes, D. et al. (2012). Melatonin for sleep in children with autism: a controlled trial examining dose, tolerability, and outcomes. *J Autism Dev Disord. 42* (8), 1729–1737.

Margraf, J. (2013). *Lehrbuch der Verhaltenstherapie.* Berlin: Springer.

Matzies, M. (2010). *Sozialtraining für Menschen mit Autismus-Spektrum-Störungen.* Stuttgart: Kohlhammer.

McGinnis, E. (2005). *Skills streaming in the elementary school.* Champaign, Illinois: Research Press.

Mesibov, G. B., Shea, V. & Schopler, E. (2004). *The TEACCH approach to autism spectrum disorders.* Heidelberg: Springer.

Mirenda, P. (2008). Contingency Maps: A visual support strategy for individuals with autism and problem behavior. *Autism News of Orange County & the Rest of the World 4*(3), 17–19.

Moyes, R. A. (2002). *Addressing the challenging behavior of children with high-functioning autism/asperger syndrome in the classroom.* London: Jessica Kingsley.

O'Hara, R. & Schroeder, M. (2011). What sleep problems are common in children with ASC and how can they be treated? In: Bölte, S. & Hallmeyer (Hrsg.), *Autism Spectrum Conditions: FAQs on Autism, Asperger Syndrome, and Atypical Autism Answered by International Experts,* (S. 180–183). Bern: Hogrefe.

Pellicano, E. (2012). The development of executive function in autism. *Autism Research and Treatment, 2012,* 1–9.

Prutting, C. A. & Kirchner, D. M. (1987). A clinical appraisal of the pragmatic aspects of language. *Journal of Speech & Hearing Disorders,* 52, 105–119.

Reese, R. M., Richman, D. M., Belmont, J. M., & Morse, P. (2005). Functional characteristics of disruptive behavior in developmentally disabled children with and without autism. *Journal of Autism and Developmental Disorders, 35*(4), 419–428.

Schreibman, L. & Carr, T. (1978). Elimination of echolalic responding to questions through the training of a generalized verbal response. *Journal of Applied Behavior Analysis, 11*(4), 53–63.

Smith Myles, B., Trautman, M. L. & Schelvan, R. L. (2004). *The hidden curriculum: Practical solutions for understanding unstated rules in social situations.* Shawnee Mission, KS: Autism Asperger Publishing Company.

Smith Myles. B. & Aspy, R. (2016). *High-functioning autism and difficult moments.* Shawnee Mission, KS: Autism Asperger Publishing Company.

Sofonoff, K., Attwood, T. & Hinton, S. (2005). A randomized trial of a CBT intervention for anxiety in children with asperger syndrome. *Journal of Child Psychology and Psychiary and Allied Disciplines, 46,* 1152–1160.

Spratt, E. G., Nicholas, J. S., Brady, K.T., Carpenter, L.A., Hatcher, C.R. Meekings, C. R., Furlanetto, R.W. & Charles, J.M. (2012). Enhanced cortisol response to stress in children with autism. *J. Autism and Developmental Disorders, 42*(1) 75–81

Sundberg, M. L. (2008). *VB-MAAP: Verbal Behavior Milestones Assessment and Placement Program.* Convord, CA: AVB Press.

Scarpa, A. & Reyes, N. M. (2011). Improving emotion regulation with CBT in young children with high functioning autism spectrum disorders: a pilot study. *Behavioural and Cognitive Psychotherapy, 39,* 495–500.

Schamber, W. R. (2016). *Vineland Adaptive Behavior Scale-3.* Pearson Clinical Assessment.

Schirmer, B. (im Druck). *Nur dabei sein reicht nicht.* Stuttgart: Kohlhammer.

Schopler, E., Lansing, Reichler & Marcus (2004). Psychoeducational Profile Third Edition (PEP-3). Austin: Pro-Ed.

Taubman, M., Leaf, R. & McEachin, J. (2011). *Crafting connections: Contemporary applied behavior analysis for enriching the social lives of persons with autism spectrum disorder.* NY: DRL Books.

Tuckermann, A., Häussler, A. & Lausmann, E. (2012). *Praxis TEACCH: Herausforderung Regelschule.* Dortmund: Borgmann Media.

Urbaniak, B. (2017). *Applied Behavior Analysis (ABA) in der Therapie von Kindern mit Autismus.* Stuttgart: Kohlhammer.

Wendt, O. (2017). Einsatz alternativer Kommunikationsformen bei Autismus, Seminar im Rahmen des Bremer Projekts. Zugriff unter: http://¬ speakmod.com/wp-content/uploads/2016/12/Implementing-AAC-in-¬ Autism-German.pdf [21.12.2017].

Wilkens, S. & Burmeister, C. (2015). *Flip the switch: Strengthening executive funktion skills.* Shawnee Mission, KS: Autism Asperger Publishing Company.

Winter-Messiers, M. A., Herr, C. M., Wood, C. E., Brooks, A. P., Gates, M. A., Houstan, T. L. Tingstad, K. I. (2007). How far can Brian ride the Daylight 4449 Express: A strength-based model of asperger syndrome based on special interest areas. *Focus on Autism and Other Developmental Disabilities, 22*(2), 67–79.

Wong, C., Odom, S. L., Hume, K., Cox, A. W., Fettig, A., Kucharczyk, S., Brock, M. E., Plavnick, J. B., Fleury, V. P. & Schultz, T. R. (2011). Ergebnisse zu Evidenz-basierten Praktiken des Nationalen Professionellen Entwicklungszentrums für Autismus Spektrum Störungen. *Psychol. Med. (3),* 619–27 (aus dem Englischen übersetzt von Vera Bernard-Opitz; Original unter: http://autismpdc.fpg.unc.edu/sites/¬ autismpdc.fpg.unc.edu/files/2014-EBP-Report.pdf. [21.12.2017])

Wood, J. J. Drahota, A., Sze, K., Har, K., Chiu, A. & David A. (2009). Cognitive behavioral therapy for anxiety in children with autism spectrum disorders: a randomized, controlled trial. *Journal of Child Psychology and Psychiatry 50, (3),* 224–234.